LA CASA DE LOS RETOS

EL LIBRO

¡CON TODO LO QUE NECESITAS PARA DIVERTIRTE SOLO O EN FAMILIA!

DESTINO

LA CASA DE LOS RETOS

DESTINO INFANTIL Y JUVENIL, 2024
infoinfantilyjuvenil@planeta.es
www.planetadelibrosinfantilyjuvenil.com
www.planetadelibros.com
Editado por Editorial Planeta, S. A.

Avda. Diagonal, 662-664, 08034 Barcelona
Primera edición: octubre de 2024
ISBN: 978-84-08-29203-6
Depósito legal: B. 12.448-2024
Impreso en España

El papel de este libro procede de bosques gestionados de forma sostenible y de fuentes controladas.

ESTO VA DE RETOS, ASÍ QUE ¿POR QUÉ ESPERAR? ¡COMENCEMOS YA MISMO! CON LOS OJOS CERRADOS,

escribe aquí tu nombre en diferentes colores.

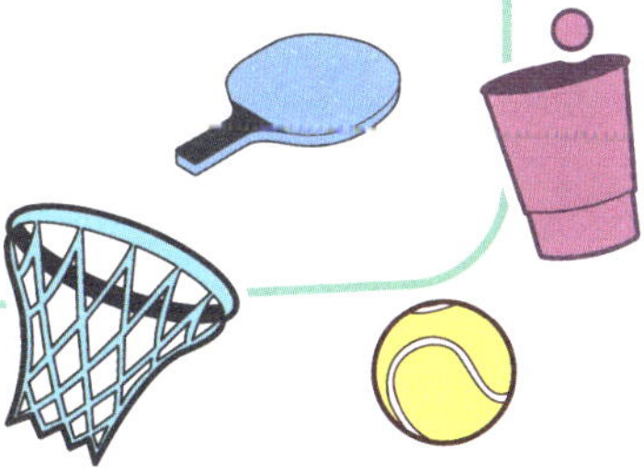

Vale, ahora en serio, escribe aquí tu nombre con el diseño más original y divertido que se te ocurra.

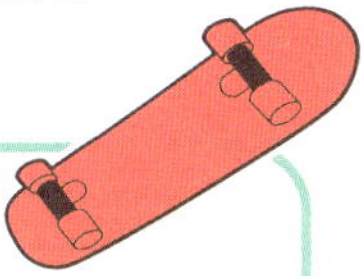

Introducción

¡BIENVENIDOS AL LIBRO DE **LA CASA DE LOS RETOS!**

Por fin un libro para retar a toda tu familia... ya sean mayores, pequeños, primos o tu hermanita con quien compartes habitación.

Están tooodos invitados. Solo hay una condición: tener muchas ganas de divertirse.

PON A PRUEBA A TUS PADRES con preguntas y retos, juega con ellos y desterníllate de risa, porque juntos lo vais a pasar genial.

¿?

LA CASA DE LOS RETOS SE EMPEZÓ A EMITIR ANTES DE QUE NACIERA TU MADRE

V VERDADERO

F FALSO

ESTO ES MUCHO MÁS QUE UN LIBRO. ¡De ahora en adelante será tu mejor amigo! No querrás separarte jamás de él y te lo querrás llevar a todas partes para pasároslo en grande juntos. No tengas miedo a pintar y escribir sobre él, va ser TU libro y va a quedar chulísimo.

Al final del libro encontrarás las soluciones a todas las preguntas y enigmas.

¡Preséntate!

¡Qué empiece la diversión!
Pero antes hay que pensar el nombre del equipo. Puede ser vuestro apellido, apodo o un nombre que os inventéis con el que os sintáis identificados.

Conoce a los...

¿CÓMO OS PRESENTARÍAS SI FUÉRAIS AL PROGRAMA?

Aquí tenéis algunas ideas:

¡Somos los Calderón y seremos el equipo campeón!

¡Somos los Aguilar y hemos llegado para arrasar!

¡Somos «Los Sacamocos», y nos flipan los retos locos!

ESCRIBE AQUÍ CUÁL SERÍA VUESTRO GRITO DE GUERRA:

Tus 3 aficiones favoritas son:

MARCA LOS ADJETIVOS QUE MEJOR TE DEFINEN:

DESPISTADO/A
Optimista
ALEGRE
COMPETITIVO/A
Imaginativo/a
Nervioso/a
Apasionado/a
Tranquilo/a
REFLEXIVO/A
Creativo/a

DINOS CUÁLES SON TUS PUNTOS FUERTES:

-
-
-

CHISTES

CARRUSEL DE LA RISA

Hay que empezar animando bien al personal. Como primer reto, os proponemos que os pongáis delante de vuestros amigos y familiares, y empecéis a contar chistes sin parar. El primero que se ría, pierde y pasa a contar chistes. Todo el mundo con las caras serias en 3, 2, 1...

BUSCA

¡BIENVENIDOS A LA CASA DE LOS RETOS!

Con tan solo poner un pie en LA CASA DE LOS RETOS, ya se te dispara la adrenalina, se te pone la piel de gallina y el corazón se te acelera de la emoción.

En las dos páginas siguientes vas a poder ver cómo es visitar cada rincón de **LA CASA DE LOS RETOS** y descubrir los secretos de todas sus estancias: la sala de maquillaje, la de *catering*, dónde se relajan los concursantes entre reto y reto... ¿Es como la imaginabas?

Aprovechando este «paseo» por la casa, a ver si eres capaz de encontrar lo siguiente:

REDACCIÓN
MAQUILLAJE
21
20
CASA DE LOS RETOS

14
LA CASA RETOS
EXIT

TEST ¿Qué tipo de concursante eres?

No hay dos concursantes iguales. Unos se lanzan a cualquier reto, otros se ríen a carcajadas incluso perdiendo. Vamos a descubrir qué tipo de concursante serías tú.

1. Llegas a casa y tus padres te dicen: «Tenemos una gran noticia... ¡Vamos a concursar en **LA CASA DE LOS RETOS**!» ¿Cómo reaccionas?

a) Aprietas los puños y sueltas un: «¡Sííííí! ¡Vamos a darlo todo, ganar y traernos ese premio a casa!».
b) Saltas y gritas de felicidad: «¡Lo pasaremos geniaaaal!».
c) «¿Nos han aceptado? ¿Seguro? ¿Qué nervios, no? ¿A qué amigos se lo cuento?».
d) Bostezas y al rato dices... «Bueno, igual me paso, puede ser interesante».

2. Ha empezado el concurso y vais perdiendo...

a) «Lo sabía... ¡Tendría que haber practicado más en vez de dormir!».
b) «Ah, ¿vamos perdiendo? Jajaja, me da igual, ¡me lo paso en grande!».
c) «Buf... Qué mal rato, ¡no salgo a la calle en todo un mes!».
d) «Bueno, pues nada... Me voy a poner ya en serio».

¡Oh, no! El siguiente reto sabes que no se te da nada bien... Lo has practicado en casa y no has dado una.

a) Venga, respiremos profundamente, relax... ¡y a intentarlo!
b) Es muy probable que no gane el reto, pero me voy a echar unas risas.
c) Sugieres que inventen la carta de bloqueo "Mejor que juegue otro".
d) No te entra en la cabeza que nada te pueda salir mal, así que... ¡al ataque!

4. De repente, ¡remontada! Genial, vais en primer lugar...

a) Vas a darlo todo porque estás en tu programa favorito.
b) Vas a disfrutar la experiencia y a divertirte todo lo posible... pero ojo, que una plaza en la final puede ser tuya.
c) Está claro que ante la duda te la vas a jugar.
d) Estás convencido de tus posibilidades, no habrá pregunta o reto que se te resista.

5. Estáis en la última y decisiva prueba... Todo depende de ti. ¿Cómo estás?

a) Tus músculos son una roca. Toda tu vida depende de este momento.
b) Refunfuñas porque te disgusta que ya se acabe...
c) Tiemblas como una hoja y no paras de mirar la lucecita roja de la cámara...
d) Como si nada.

6. ¡Viva! ¡Habéis ganado! ¡Enhorabuena! ¿Cómo lo vas a celebrar?

a) Te has traído un podio y unas medallas, y esperas que alguien te las ponga.
b) Invitas a todos los concursantes a merendar y echaros unas risas.
c) Te sabe mal... Crees que los otros equipos se lo merecían más.
d) No le das ninguna importancia.

Resultados

Mayoría de respuestas A: Más que ganar, lo que a ti te gusta es competir. Te preparas como si fueras a los juegos olímpicos y tu fuerza mental es más sofisticada que la de un samurái. ¡Hay huesos duros de roer y luego estás tú!

Mayoría de respuestas B: Has venido a jugar, ¡literalmente! Para ti, ganar o perder son solo dos palabras sin mucho sentido. Lo que a ti te importa de verdad es pasarlo en grande, sin complejos ni vergüenza, y si concursar sirve para hacer amigos, ¡mejor que mejor!

Mayoría de respuestas C: Eres la indecisión y la timidez hecha persona. Te pasas el concurso dudando y con las mejillas coloradas, y siempre dándole vueltas a lo que los demás van a pensar de ti. Ya te lo decimos nosotros: ¡Que eres adorable!

Mayoría de respuestas D: Digamos que tu autoestima está por encima de la Torre Eiffel. O que, desde el espacio, solo se ven dos cosas de la Tierra: la Gran Muralla China y tu ego. ¡Lo tuyo es autoestima en modo XXXL!

LABERINTO

¿QUÉ CAMINO DEBE SEGUIR EL CONCURSANTE PARA LLEGAR AL **HUEVO SPLASH**?

¡ATENCIÓN!

¿Cuántos huevos recogerás por el camino para poder jugar al **HUEVO SPLASH**?

RETO

ESCOBAS BAILONAS

Con este reto vais a poner las escobas a bailar, pero evitando que caigan al suelo... Para hacerlo más divertido, ¡poned vuestra canción favorita mientras hacéis el reto!

Necesitamos:

- Dos palos de escoba o de fregona... ¡y bastante espacio!

¿Cómo se juega?

1. Podéis jugar dos personas o más. El reto está en que debéis cambiaros de posición sin que los palos de escoba se caigan.

2. Colocaos cara a cara a un metro con el palo de escoba bien recto y apoyado en el suelo.

3. Contad «3, 2, 1, ya!» y a la vez soltad vuestro palo y corred hacia el sitio de vuestra pareja para sujetar su palo antes de que se caiga.

¡Hacedlo sin chocaros, claro!

4. Cada vez os alejaréis un paso más de vuestra pareja, por lo que tendréis que ir superrápido para llegar a sujetar el palo.

SUDOKU

¿Qué tal vas con los números? Pues sí, esta es una actividad de matemáticas 100 %.

¿Sabes cómo va? Debes rellenar los espacios teniendo en cuenta que un mismo número no puede aparecer dentro de una misma columna, fila o cuadrícula. ¡A por ello!

NIVEL PRINCIPIANTE

2		1
3		2

NIVEL MEDIO

2		3	4
	3	1	
	4		1
1	2		3

NIVEL PRO

		5	4		
	3			5	
3		4			5
2					1
	4			6	
		2	1		

ENIGMA

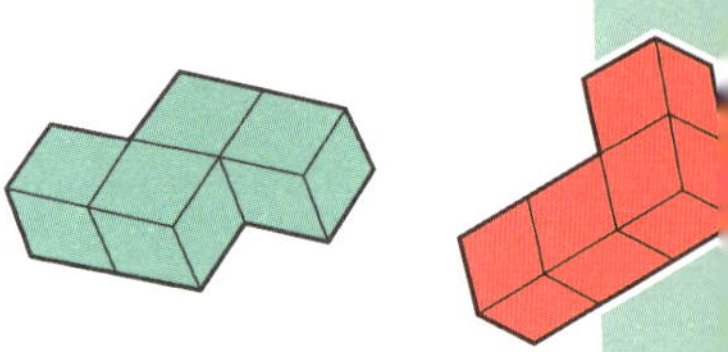

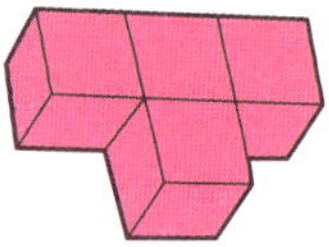

PARA GUSTOS… COLORES

Vamos a conocer a los concursantes de esta semana. Cada familia tiene un reto favorito, pero ¿les tocará jugarlo?

- El reto favorito de la familia Cardona es «Hasta las cejas».
- Ellos no son el equipo verde, como sí lo es el equipo que no se ha clasificado para la final.
- La familia Santos, equipo azul, sí se ha clasificado.
- Los Aguirre prefieren jugar al «Cara tarta» que al «Acaparabolas».

Apunta aquí qué dos familias se han clasificado para disputar la final del HUEVO SPLASH.

- ------------------------------------
- ------------------------------------

Usa esta cuadrícula para descifrar el enigma.

FAMILIA	RETO PREFERIDO	COLOR DEL EQUIPO

RETO

En el coche

Viajar es tan bonito... pero, claro, al cabo de las horas puede llegar a ser también un poco aburrido. Así que, para pasar mejor el rato, os proponemos retos superdivertidos especialmente diseñados para jugar en el coche. ¡Abróchate bien el cinturón, que nos vamos (a jugar)!

¡IDEA! Podéis jugar por equipos y hacerlos como queráis: los de delante contra los de atrás, chicos contra chicas...

La cadena loca

Si oís césped - verde - kiwi - sandía - baloncesto - recreo - conserje..., igual no entendéis nada, ¿verdad? El juego consiste en hacer asociaciones de **ideas lógicas** entre una palabra y otra, eso ya tiene más sentido, ¿verdad?

Una persona dice vaca y la siguiente tiene que pensar en algo que pueda estar relacionado con una vaca, por ejemplo, queso, prado, toro, tetrabrik... Y así, sucesivamente.

Lo mejor viene cuando alguien dice: **«¡Giramos la cadena!»**. En ese momento tendréis que ir recordando lo que se ha dicho, pero tirando para atrás: conserje - recreo - baloncesto - sandía...

El famoso camuflado

Uno de vosotros va a ser un famoso. Así que va a pensar en alguien conocido por todos (por ejemplo: Rosalía).

Los otros van a hacerle preguntas que el «famoso» solo puede contestar con **«sí»** o **«no»**. Por ejemplo: «¿Eres chica?», «¿Eres española?», «Eres jugadora de fútbol?»... Cuando la respuesta sea «no», el turno pasa al siguiente jugador o jugadora.

Si alguien cree saber de quién se trata, solo lo puede decir cuando sea su turno. Pero, si lo dice y falla..., ¡queda eliminado!

CRUCIGRAMA

Cruzada del programa

Si sois grandes seguidores del programa sabréis resolver estas palabras cruzadas con los ojos cerrados... Bueno, mejor que abráis al menos uno para acertar dentro de las casillas.

1. En nuestro logotipo aparece una casa, una tarta, un altavoz, un *skate* y una...

2. Nuestra carta de bloqueo más ruidosa se llama: qué...

3. El día de la semana de nuestra gran final es el...

4. Nuestras cartas no son de amor, son de...

5. Los colores de nuestros concursantes son rojo, verde y...

6. Un reto se puede hacer bien o muy bien y eso se llama hacer un...

7. Si ganas el reto sumas...

ENIGMA

¿Quién ganará la carrera?

- Nil, Pol, Teo , Cris y Jan participan en una carrera.
- Jan termina delante de Nil.
- Teo entra detrás de Pol, pero por delante de Cris.
- Pol acaba justo después de Nil.

El ganador es ....

Cristina y Pablo están jugando al ajedrez.

- Llevan 5 partidas.
- Ambos han ganado 3.

¿Cómo es posible?

....

....

....

RETO

A TU MANERA

BICHO DANCE

«¿Quién dijo que bailar con bichos no era divertido?»

¿Te suena esta frase? ¡Exacto! Es la que decimos en **LA CASA DE LOS RETOS** antes de jugar a Bicho dance. ¿Qué tal si probáis a hacer vosotros mismos el reto en casa? Si no tenéis bichos, podéis hacerlo con pinzas.

Necesitamos:

- *Pinzas de colgar la ropa*

¿Cómo se juega?

1. Enganchad el mismo número de pinzas a cada jugador.

2. Si os apetece tunear las pinzas y pintarlas de colores o decorarlas, ¡adelante! Siempre quedará más bonito.

3. Poned la canción que más os guste.

4. Los participantes deben bailar al ritmo de la música, de forma muy exagerada, para hacer que se les caigan las pinzas. Al final de la canción, quien menos pinzas tenga, gana.

CHISTES

¡ja, ja, ja!

—Mamá, en el cole me llaman despistado.

—Niño, ¡que esta no es tu casa!

—ACABO DE ESCRIBIR UN LIBRO.
—¿Y POR QUÉ HAS DIBUJADO UN DEDO EN LA PRIMERA PÁGINA?
—ES EL ÍNDICE.

¡juas, juas!

¿Cómo queda un mago después de comer? Magordito.

Ayer me caí y pensé que me había roto el peroné. Peronó.

Esto es un hombre que entra en un bar de pinchos y... ¡ay, ay, ay, ay!

¿Se te ocurre alguno más?

....

....

....

....

....

RETO

¡QUE SUENE LA MÚSICA!

¿Alguna vez te han dicho que tienes buen oído musical? Bueno, aquí da igual si sabes distinguir un sol de un la sostenido, lo importante es que sepas de dónde proviene la música.

Let's dance!

Necesitamos:

- *Un altavoz* bluetooth
- *Un móvil*
- *¡Una casa con habitaciones y escondrijos!*

¿Cómo se juega?

1. Un jugador esconde el altavoz *bluetooth* en algún sitio de casa desde el que se pueda escuchar la música, pero que no sea muy evidente: dentro de un cajón, en la capucha de un jersey, dentro de un armario, debajo del sofá, en el horno (¡apagado!)...

2. Reúne al resto de los participantes en un punto de la casa y les dice que va a poner una canción. Solo una. Antes de que termine la canción, alguien debe encontrar de dónde sale la música.

3. El ganador es el encargado de volver a esconder el altavoz y darle al play.

MI PLAYLIST FAVORITA ESCRIBE AQUÍ TUS CANCIONES PREFERIDAS PARA...

Bailar:

Practicar deporte:

Relajarte:

Cantar a pleno pulmón:

¿?

EL PRIMER INSTRUMENTO QUE SE TOCÓ EN EL ESPACIO FUE LA TROMPETA

V VERDADERO

F FALSO

CHISTE

– ¿SABÍAS QUE BEETHOVEN DEDICÓ LA QUINTA SINFONÍA A SU PADRE?
– ¿CÓMO LO SABES?
– FÍJATE EN EL COMIENZO: «PARA PAPÁ...».

ACERTIJO

¿Cuál es el instrumento que puedes oír, pero no ver ni tocar?

RETO

LA TELARAÑA

¿Os habéis imaginado alguna vez cómo sería tener una telaraña gigante en casa? No, claro, porque eso significaría tener una araña enorme en el pasillo.

¡Menuda pesadilla! Bueno, borrad de vuestra mente el arácnido y quedaos con la telaraña, que eso sí nos va a servir para jugar.

Necesitamos:

- *El marco de una puerta*
- *Cinta de embalar o celo*
- *Pelotas de plástico pequeñas, de pimpón, de tenis o hechas de papel (¡para reciclar!)*

***ADVERTENCIA:** DEBES REALIZAR ESTE RETO SIEMPRE EN PRESENCIA DE UN ADULTO.

¿Cómo se juega?

1. Poned tiras largas de cinta de embalar, o celo, en el marco de una puerta, de un lado a otro. No tienen que colocarse simétricamente, ¡un poco de caos va bien!

2. Situaos a una cierta distancia de la puerta con una buena cantidad de pelotas.

3. Cada lanzador tira, por ejemplo, 10 pelotas. Quien pegue más, gana.

4. Otro modo de jugar: cada jugador tiene pelotas de un solo color. Durante 30 segundos tiráis los dos, o tres, o los que seáis, para ver quién ha conseguido pegar más bolas.

RETO

DIBUJOS

¿GEMELOS?

No mola nada que hablen a tus espaldas. Pero que dibujen en tu espalda puede ser muy pero que muy divertido, ¡ya verás!

¿Cómo se juega?

1. Uno de vosotros se sienta en una silla sin respaldo delante de una mesa, con papel y lápiz.

2. El otro se pone detrás de él y coloca su papel encima de su espalda. Puede pegar el papel con celo. Y empieza a hacer un dibujo en silencio, para que la persona que está sentada vaya copiando en otro papel lo que intuye en su espalda.

3. Al finalizar, comparad los dibujos. No os asustéis si no se parecen en nada, ¡suele pasar y es lo más divertido! Luego, intercambiaos.

Necesitamos:

- Folios
- Rotuladores
- Celo
- Silla o taburete y mesa

¡CONSEJO!

Cuidado con el tipo de rotuladores que utilicéis... ¡No vayáis a manchar la ropa! También es importante que el que esté sentado no lleve muchas capas de ropa para poder sentir el trazo en su espalda.

TRUCOS

Cómo ser un concursante top

Ha llegado la hora.

Es el momento. Todo depende de ti. El futuro de la humanidad está en tus manos... Bueno, vale, no nos pasemos, solo se trata de los nervios típicos por concursar en **LA CASA DE LOS RETOS**...

Ideas (¡quizás un poco locas!) para eliminar los nervios y la impaciencia hasta que llegue ese momento que tanto deseas...

Pellízcate las mejillas. O mejor: pellizca las mejillas de quien tengas al lado.

¡¡¡GRITA!!!

INSPIIIIIIRA Y ESPIIIIIIRA...

Tírate un buen pedo, ¡que retumbe! ¡Risas aseguradas que relajarán la tensión!

¡Salta, baila, canta!

Cierra los ojos y visualiza un sitio bonito en el que estés a gusto (tu playa preferida, la casa de los abuelos, la plaza del pueblo de los veranos...)

Anota las situaciones en que has pasado más nervios en tu vida:

1. ....
2. ....
3. ....
4. ....

Lista con trucos para controlar los nervios en casa.

1. COLOREAR MANDALAS
2. HACER MANUALIDADES
3. PREPARAR UN BIZCOCHO
4. INVENTAR COREOGRAFÍAS DELANTE DEL ESPEJO
5. SACAR A PASEAR AL PERRO

¿Se te ocurre alguno más?

....
....
....
....
....
....
....

RECETAS

LOS 3 BATIDOS CON LOS COLORES DEL PROGRAMA

HACED VUESTRO PROPIO BATIDO CON INGREDIENTES NATURALES

ESPINACAS, MANZANA Y KIWI

Preparad el mejor batido con manzanas, kiwi y unas hojas de espinacas. ¡Añadid leche de avena y una pizca de canela o jengibre que le darán un toque suuupersabroso!

ARÁNDANOS, PIÑA Y PLÁTANO

SORPRENDED a todo el mundo con una bebida de color azul. Combinad bien las tres frutas con leche de coco. Conseguid un color azul potente con un poco de espirulina .

FRUTOS ROJOS, NARANJA Y YOGUR

¡A tope con la vitamina A de los frutos rojos! Mezclad moras, fresas y frambuesas con yogur líquido o la bebida vegetal que más os guste.
También le podéis añadidir zumo de naranja.

¡Ñami!

RETO

MISIÓN

ALUNIZANTE

A TU MANERA

Os presentamos una manera súper original y divertida de recrear este reto del programa en vuestra casa. Afinad la puntería y preparaos para pasar un rato verdaderamente "alunizante".

Necesitamos:

- Una mesa
- Cinta de pintor o similar
- Vasos de plástico de colores

¿Cómo se juega?

1. Marcad el terreno de juego en una mesa, como veis en el dibujo.

2. Cada participante tendrá tres vasos pintados con el mismo color. A la hora de decorarlos, podéis intentar transformarlos en naves espaciales en los que viajen intrépidos astronautas.

3. Lanzad por turnos y deslizando el vaso bocabajo. Sumad **10** puntos si el vaso queda en el centro, **5**, en el del medio, y **3** en el más grande.

4. ¡Atención que los vasos pueden chocar entre ellos! ¡Si tu vaso está en el centro, te lo pueden quitar de un buen **vasorrazo!**

FAMILIA

Organizad una gincana para la familia

Los juegos y la diversión no tienen edad,

así que vais a preparar una gincana para que los adultos de casa (papá, mamá, abuela, tío, vecinas...) se lo pasen pipa.

1. Poner nombre

Vais a dar a cada equipo una bolsa o cajita con unas letras dentro. Las podéis hacer con cartulinas, papel o utilizar las de algún juego de letras, si tenéis.

La cuestión es que cada uno tendrá que ordenarlas para que les salga su nombre. Inventad nombres divertidos para cada uno (tortuguitas, gruñones, piojos...). El primer equipo que forme su nombre, gana la prueba ¡y los primeros 3 puntos!

2. Afinad el oído

¿Cómo van de oído los adultos de casa? ¿Son de aquellos que se ponen el despertador a tope porque si no, no lo oyen? Pues en esta prueba, van a tener que afinar un poco el oído, a ver qué tal se les da esto de adivinar las canciones que suenan.

Vosotros le dais al *play* y el primer equipo que la identifique, gana. ¡Un punto por cada canción acertada! Por cierto, si ponéis canciones de su época será más fácil para ellos.

3. El juego de la silla

Un clásico que nunca pasa de moda. Poned en círculo tantas sillas como concursantes haya, menos una: si participan 6 adultos, pues 5 sillas. Poned una canción animada para que vayan bailando alrededor de las sillas.

Podéis decir «¡cambio de sentido!» para que cambien de dirección, o hacer que vayan a pata coja, o que bailen la conga... Lo que queráis. Pero cuando paréis la música, todos tienen que sentarse.

Quien se quede sin silla, queda eliminado. Quitad una silla y seguid con el juego. Cuando solo quede una silla y dos concursantes... ¡que gane el mejor! 5 puntos para el equipo del que se haya quedado sentado.

4. La fruta flotante

Desafiad a los adultos con este juego tan sabroso. Colgad de un hilo una pera o una manzana porque, tanto si tenéis hambre como si no, vais a tener que comérosla para ganar la prueba. El caso es que lo tendréis que hacer con las manos atadas a la espalda. Y si queréis la versión premium de la prueba, hacedlo también con los ojos tapados.

¡Pero cuidado no vayáis a morder a vuestros compis!

5. Tres en raya

A ver si estos adultos se atreven a jugar al tres en raya... ¡a lo grande! Marcad en el suelo un tablero de tres en raya grande, o montadlo con *hulahops*, por ejemplo. Cada participante tendrá un pañuelo, o una pelota, o algo que sea del mismo color. Un color para cada equipo.

Los concursantes se pondrán a unos 10 metros del tres en raya. Un equipo a cada lado. Cuando hagáis sonar el silbato saldrán pitando dos concursantes, uno de cada equipo, para dejar sus pañuelos en la casilla que quieran.

Tendrán que ser rápidos para volver a su sitio y dar el relevo a sus compañeros chocándole la mano. Y así hasta que algún equipo consiga el tres en raya y gane 3 puntitos más.

6. Que no explote, que no explote...

¡Esta prueba no es apta para adultos miedosos! Ya veréis: tenéis que coger una caja de cartón un poco más grande que una de zapatos, inflar un globo, dejarlo ahí dentro y cerrar con la tapa. Previamente, en la tapa habréis hecho unos cuantos agujeros por toda la superficie. Cada concursante irá introduciendo un palillo largo, de esos de pinchos, por uno de los agujeros. Si tienes suerte y no das con el globo, dejas el palillo introducido y pasas el turno. El primero que tenga la mala suerte de acertar dónde está el globo y lo haga explosionar... ¡se lleva un susto y pierde tres puntos!

RETO

A TU MANERA

FLIP RACE

¿Qué tal se te da el *flip bottle challenge*? ¿Crees que bien? Pues desafía a quien quieras de tu familia a convertir el reto en una carrera, como en el programa.

Necesitamos:

- Un par de botellas con agua
- Un tablero como el del dibujo o similar, la cosa es que tenga 7 casillas.
- Un premio (snack, zumo de frutas...)

¿Cómo se juega?

1. Colocad el premio en el centro del tablero.

2. Empezad a cronometrar un minuto y medio de tiempo.

3. Cada concursante debe lanzar al aire la botella para que gire sobre sí misma y se quede de pie.

4. Cada vez que alguien lo consiga, moverá el premio una casilla hacia su lado del campo.

5. ¿En qué campo estará el premio pasado el tiempo? Quien gane se lo queda (o se lo come).

RETO

PARA HACER de noche

Ha llegado la hora de irse a la cama… ¡o no! Quizás la noche es un buen momento para hacer algunos retos más nocturnos y misteriosos. Os proponemos algunas ideas para jugar en

luna Llena…

1. Las sombras chinas

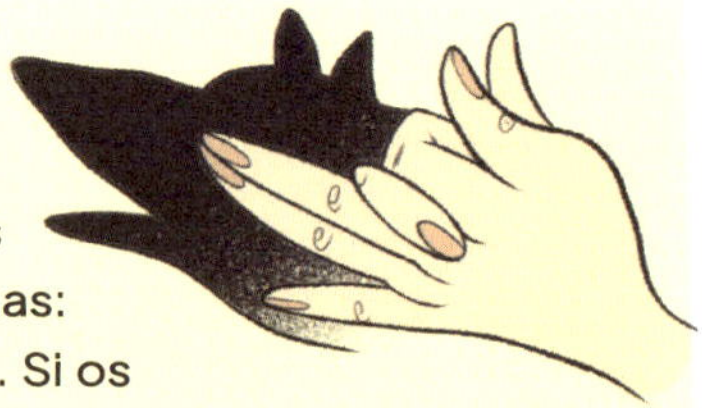

Dividíos en equipos y escribid en unas tarjetas cosas que se puedan hacer con sombras chinas: un perro, un pájaro, un caracol, un cangrejo… Si os quedáis sin ideas ¡buscad en internet!

Uno del equipo saca una tarjeta al azar e intenta hacer la **sombra china** para que sus compañeros acierten qué es en menos de un minuto.
El equipo que más sombras acierte ¡gana!

2. El guía del museo

Uno de vosotros será el guía y tendrá una linterna. A su alrededor los otros se colocarán como si fueran **estatuas**, pero en **posturas graciosas** y sin moverse. Podéis hacer la postura que queráis.

Cuando el guía pase por vuestro lado, os enfocará y explicará la «historia» de esa escultura, la describirá de manera divertida, inventándose datos, haciendo chistes… **¡lo que sea! Porque tu objetivo es que la estatua ¡se mueva!**

¿SABÍAS QUE...

Hay ciudades del mundo en las que nunca se hace de noche?

Este fenómeno se conoce como **sol de medianoche** y ocurre cerca de los polos. Si os apetece vivir un día eterno, podéis ir a Noruega, Islandia, Rusia, Finlandia o Canadá. Entre mayo y julio. Durante este periodo, el sol no se pone en absoluto.

¿CÓMO SE CONOCE POPULARMENTE EL SOL DE MEDIANOCHE?

A NOCHES PÁLIDAS

B NOCHES BLANCAS

CHISTE

—DOCTOR, LLEVO CINCO DÍAS SOÑANDO CON HORMIGAS JUGANDO AL FÚTBOL.
—TÓMESE ESTO Y HOY PODRÁ DORMIR BIEN.
—¿ESTÁ LOCO? ¡HOY ES LA FINAL!

CURIOSIDADES SOBRE LOS SUEÑOS

TENEMOS ENTRE 3 Y 6 SUEÑOS POR NOCHE.

Cada sueño dura entre 5 y 20 minutos. Dan para un cortometraje.

EL 95 % DE LOS SUEÑOS SE OLVIDAN NADA MÁS DESPERTARNOS. ¡QUÉ LÁSTIMA...!

El denominado sueño lúcido es aquel en el que la persona es consciente de que está soñando y, por tanto, puede tener un cierto control sobre él. Como si jugara a un videojuego de realidad virtual...

A POR ELLOS

«¿Ya has terminado los deberes? ¿Tienes algo apuntado en la agenda? ¿Has repasado para el examen de mañana?»... Seguro que estáis hasta el gorro de tanta preguntita... Pues vamos a cambiar los papeles y a poner a prueba los conocimientos de vuestros padres. A ver si han estudiado...

Ingenio y lógica

SI 2 VALE 1, ¿CUÁNTO ES 2 + 2?

____

EN UNA CARRERA, EN EL ÚLTIMO ESPRINT ADELANTAS AL TERCERO.

¿EN QUÉ POSICIÓN TERMINAS?

____

UN GALLO PONE UN HUEVO EN LO ALTO DE UN CAMPANARIO, ¿HACIA QUÉ LADO CAERÁ EL HUEVO SI SOPLA VIENTO DEL NORTE?

____

____

A POR ELLOS

Cultura general

Aquí tienes una lista de preguntas rápidas para hacerle a los mayores y que suden la gota gorda...

1. ¿Quién inventó la bombilla? **Thomas Edison**
2. ¿En qué ciudad está el estadio de Wembley? **En Londres**
3. ¿Cuál es el océano más grande del mundo? **El Pacífico**
4. ¿Cuál es el único mamífero capaz de volar? **El murciélago**
5. ¿Cuántos kilómetros se corren durante una maratón? **42**
6. ¿Qué pieza del ajedrez puede hacer un movimiento en forma de L? **El caballo**
7. ¿Cuántos dientes tiene un humano adulto? **32**
8. ¿Cuántos días tiene un año en Urano? **30.687 días**
9. ¿Quién pintó *La noche estrellada*? **Vincent van Gogh**
10. ¿Cuántas películas de Harry Potter se han producido? **8**
11. ¿En qué país está el punto más alto de la Tierra? **Nepal**
12. ¿Quién escribió *Cien años de soledad*? **Gabriel García Márquez**
13. ¿Cuántas cuerdas tiene un violín? **4**
14. ¿Qué se inventó primero el *wifi* o el *bluetooth*? ***Wifi***
15. ¿Cuántos jugadores componen un equipo de vóley playa? **Dos**

PREGUNTAS

Si te digo que...

Venga, y unas pocas preguntas más para los mayores, ¡aunque también puedes atreverte tú con ellas!

1. EL CUERPO HUMANO TIENE 206 HUESOS

V VERDADERO F FALSO

2. UNA ARAÑA TIENE 8 PATAS

V VERDADERO F FALSO

3. SATURNO ES EL PLANETA QUE ESTÁ MÁS CERCA DEL SOL

V VERDADERO F FALSO

4. LA LUZ VIAJA A 260.000 KM POR SEGUNDO

V VERDADERO F FALSO

5. ROMEO Y JULIETA VIVÍAN EN FLORENCIA

V VERDADERO F FALSO

PUNTÚA

Sabemos que todos nuestros retos son geniales, ¿a que no sabrías decir cuál de ellos es mejor? Pues te dejamos aquí un espacio para que reflexiones y nos cuentes con sinceridad cuál es tu reto preferido.

Pinta los círculos. Cuanto más te guste, más círculos deben quedar coloreados.

BICHO DANCE ○○○○○

PENALTI LOCO ○○○○○

PRINGUE STOP ○○○○○

BOLOS HUMANOS ○○○○○

TARTA PARA DOS ○○○○○

PALITO A PALITO ○○○○○

FLIP RACE ○○○○○

ON - OFF ○○○○○

MIMOSAURIOS ○○○○○

TÍRATE EL ROLLO ○○○○○

TARTA DE MANAZA ○○○○○

A LO SUMO ○○○○○

RETO

RECOGER CANICAS

Parece ser que hay una lluvia torrencial... ¡de canicas! Tu reto es recoger tantas como puedas, porque, si no, van a dañar nuestra cosecha de huevos splash... Pero cuidado porque hay trampas...

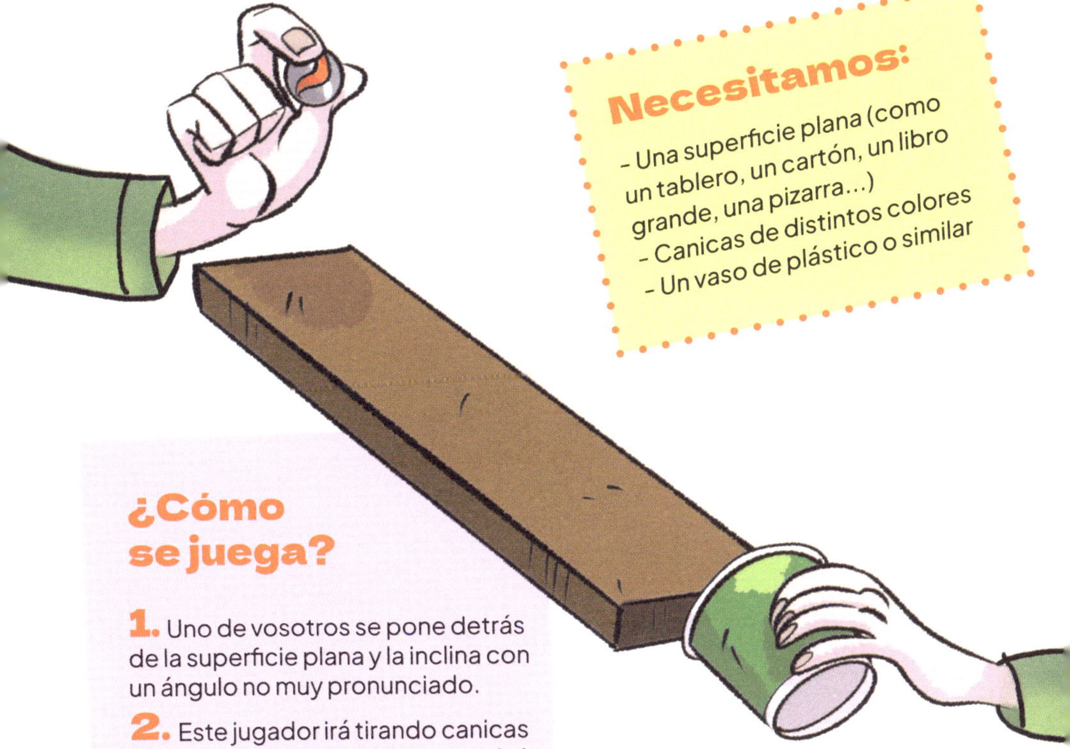

Necesitamos:

- Una superficie plana (como un tablero, un cartón, un libro grande, una pizarra...)
- Canicas de distintos colores
- Un vaso de plástico o similar

¿Cómo se juega?

1. Uno de vosotros se pone detrás de la superficie plana y la inclina con un ángulo no muy pronunciado.

2. Este jugador irá tirando canicas de una en una por un lado y otro de la superficie y con un ritmo alegre; sin prisa, pero sin pausa.

3. El otro jugador, situado delante del tablero con un vaso de plástico, deberá ir recogiendo las canicas al vuelo, antes de que caigan al suelo. Cuantas más logre coger, ¡más puntos!

Para hacer todavía más divertido el juego, podéis establecer canicas especiales. Por ejemplo: las rojas valen doble; las grandes no deben cogerse, pues se termina la partida; las negras restan 5 puntos...

TRUCOS

MENTE ÁGIL

Para ser un buen concursante, hay que ser ágil de cuerpo... ¡y de mente! Cuanto más resolutivo sea tu coco, mejor. ¿Sabías que una de las mejores maneras de entrenar la mente es resolver problemas por deducción?

Adivina el valor de cada icono y súmalos para obtener el resultado.

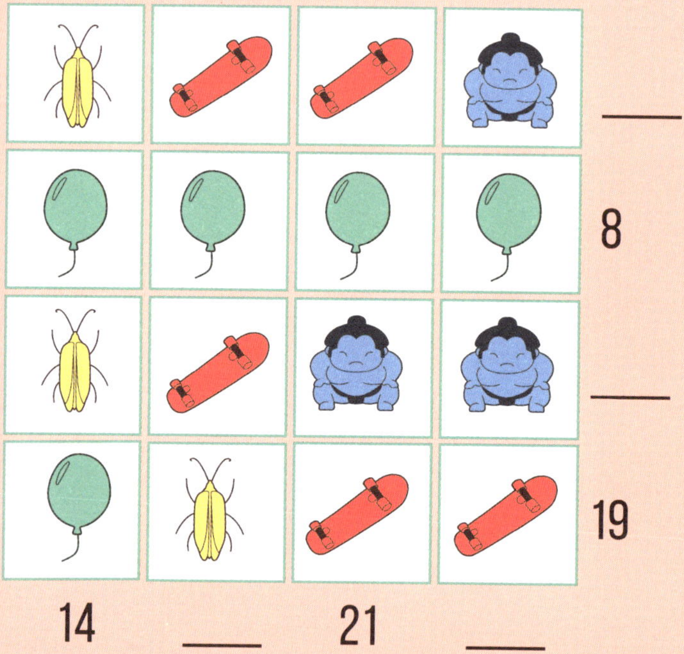

¿Cuánto vale cada icono del reto?

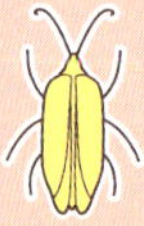 = __________

 = __________

 = __________

 = __________

TEST

¿Quién serías en LA CASA DE LOS RETOS?

LA CASA DE LOS RETOS tiene muchísimos profesionales trabajando para que todo salga tan divertido como lo ves por tu pantalla: presentador, directora, jefe de vestuario, operadora de cámara, redactor... ¡Vamos a ver en qué perfil encajas mejor!

1. Llega la función de final de curso. ¿Con qué disfrutas más?

a) Sin duda, actuando y, si puedes tener un momento en el que brillar solo, mejor que mejor.

b) Prefieres estar a la sombra, pintando decorados y montando la escenografía.

c) Te encantan los aspectos técnicos: revisar el sonido, las luces, los micros...

d) Has vaciado tu armario para vestir a toda tu clase, y encima los peinas a todos.

2. Estás de vacaciones en la playa. De repente, aparece una ballena en el agua. ¿Qué haces?

a) Llamas a la radio para ir retransmitiendo todo lo que pasa en directo.

b) Organizas a todo el mundo: «Vosotros, ¡corred! Ustedes, ¡chillen! Niño, ¡bájate de la colchoneta!».

c) Coges el móvil de tus padres y empiezas a grabar el espectáculo haciendo un *travelling* espectacular.

d) Te pones unas gafas de sol y tu camiseta favorita para cuando lleguen las cámaras de tele.

3. Es la cena de Navidad. El comedor de casa está a rebosar de familiares. ¿Cuál es tu papel?

a) Para amenizar la espera de la comida, haces un monólogo de humor encima de una silla.

b) Te encargas de montar las mesas y decorarlas, indicas a los invitados dónde deben sentarse e incluso propones una lista de temas de conversación.

c) Creas un ambiente acogedor con lucecitas y una *playlist* de *Xmas chillout*.

d) Has enviado un WhatsApp con un estricto *dress code*: elegantes pero informales, con un toque bohemio parisino de los años 20. La boina de tu abuelo es lo más.

Resultados

Mayoría de respuestas A: Te encanta ser el alma de las fiestas y el protagonismo, así que eres ideal para presentar **LA CASA DE LOS RETOS.**

Mayoría de respuestas B: No se nos ocurre un mejor realizador y director que tú. Lo preparas todo con esmero y sabes cómo mover los hilos para que todo funcione.

Mayoría de respuestas C: Para ti no hay sitio mejor que los apartados técnicos: cámara, técnico de sonido o iluminación... ¡No hay botón que se te resista!

Mayoría de respuestas D: Tienes plaza asegurada en maquillaje y vestuario. ¡Sabes hacer brillar a los demás!

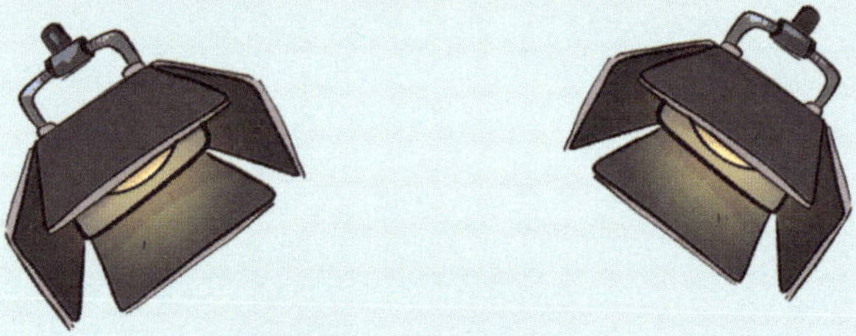

DIFERENCIAS

¿Eres capaz de encontrar las 7 diferencias entre estas dos parejas de concursantes?

En realidad, son la misma pareja… ¡Ja, ja, ja!

PREGUNTAS

Una de dos

Entre las posibles respuestas, seguro que la primera que te viene a la cabeza es... ¡la acertada! ¡No le des muchas vueltas!

¿CUÁL ES EL PAÍS CON MAYOR POBLACIÓN DEL MUNDO?

A CHINA

B ESTADOS UNIDOS

¿SABÍAS QUE...
en Canadá hay más lagos que en el resto de los países del mundo juntos?

RUSIA ES EL PAÍS MÁS GRANDE DEL MUNDO. ¡Tanto, que hace frontera con 16 países distintos!

¿? EN UNA PISCINA OLÍMPICA, ¿CUÁNTOS METROS MIDE DE ANCHO CADA CARRIL?

A 3,2 METROS

B 2,5 METROS

¿SABÍAS QUE...

las piscinas olímpicas miden 50 metros de largo y 2,7 metros de profundidad? De los 10 carriles, solo se usan 8: los dos laterales se dejan libres para evitar el oleaje.

CHISTE

¿A DÓNDE VAN A NADAR LOS ZOMBIS?
AL MAR MUERTO.

CHISTE

—¿SABES POR QUÉ EL MARISCO VIENE DEL MAR?
— PORQUE SI VINIERA DE FRANCIA SE LLAMARÍA FRANCISCO.

RETO

A TU MANERA

ACAPARABOLAS

¿Habéis soñado alguna vez con ser pulpos para poder abrazar muchas cosas? Pues este es vuestro momento. Adapta el famoso reto del programa para hacerlo en casa.

Necesitamos:

-Objetos que tengáis en casa agrupados por tamaños:
-Pequeños = bolas de calcetín o naranjas.
-Medianos = rollos de papel higiénico o peluches medianos.
-Grandes = almohadas o cojines.
-Además de todas la pelotas que encontréis, claro.

¿Cómo se juega?

1. Poned todos los objetos juntos en el suelo.

2. En un minuto y medio, un jugador debe

cargar el mayor número de objetos.

3. La estrategia es importante porque las bolas pequeñas son más fáciles de cargar pero valen menos, y las grandes, al revés: suman más puntos.

4. Anotad la puntuación: objetos pequeños, 10 puntos; objetos medianos, 25 puntos; objetos grandes, 50 puntos.

5. Podeis jugar varios a la vez o por turnos controlando el tiempo.

SOPA

LA SOPA DE LETRAS QUE TE DEFINE

Aquí tienes una sopa de letras llena de adjetivos. Échale un vistazo. Los 10 primeros adjetivos que encuentres son los que te definen como jugador. A ver qué sale.

H	S	A	A	S	T	U	T	O	E	T	N	A	G	O	R	R	A	E	G
I	F	D	C	A	D	E	S	C	O	N	F	I	A	D	O	K	L	I	S
P	O	T	E	W	A	S	B	A	R	O	L	E	N	U	G	A	O	O	C
T	I	D	V	Z	E	A	P	R	D	A	G	I	L	C	H	O	D	L	E
N	S	H	I	O	G	A	Y	A	E	I	P	A	D	R	N	A	I	S	E
V	H	L	U	T	T	L	T	T	T	S	N	Y	I	V	G	E	O	A	P
O	E	S	G	I	R	S	N	R	A	N	S	I	O	S	O	T	R	U	N
F	D	Z	C	I	I	E	C	O	O	P	R	A	E	A	C	N	E	B	G
T	S	O	E	P	I	O	V	D	S	O	D	I	G	E	M	E	S	E	R
A	L	T	S	L	U	N	A	O	S	O	R	B	F	E	E	G	P	L	A
V	R	E	A	D	O	P	L	O	R	R	I	R	P	R	S	I	O	E	C
I	D	V	Y	H	U	M	I	A	A	T	E	D	G	F	S	L	N	G	I
E	O	T	N	C	D	V	B	A	E	P	X	E	O	F	L	E	S	A	O
T	D	O	O	R	R	L	I	M	A	N	L	E	D	U	C	T	A	N	S
E	Y	E	I	E	E	G	O	C	B	A	E	A	R	D	T	N	B	T	O
M	R	G	N	S	V	N	O	D	I	T	R	E	V	I	D	I	L	E	R
P	O	C	O	C	I	T	A	P	M	I	S	A	D	N	G	T	E	E	Z
S	R	A	P	I	D	O	I	O	D	A	Z	I	N	A	G	R	O	O	A

PREGUNTAS

Si te digo que...

No te fíes de todo lo que dicen por ahí, porque no todo lo que nos cuentan es cierto. A ver si eres capaz de descubrir si estas afirmaciones son verdaderas o falsas.

¿?

UNA LOMBRIZ TIENE 10 CORAZONES

V VERDADERO

F FALSO

¡!

CHISTE

CONOCÍ A MI NOVIA EN UN ASCENSOR. DICE QUE SOY EL AMOR DE SUBIDA.

Cupido agotado después de intentar conquistar los corazones de una lombriz.

EL HOMBRE ES EL ANIMAL MÁS RÁPIDO SOBRE DOS PATAS

V VERDADERO **F** FALSO

¿SABÍAS QUE...

los ojos del avestruz, con unos 5 centímetros de diámetro, son los más grandes de los animales terrestres?

CHISTE

—¿CUÁL ES EL ANIMAL MÁS VIEJO DEL MUNDO?
—EL OSO PANDA...
—EL OSO PANDA...
¡PORQUE ESTÁ EN BLANCO Y NEGRO!

ENIGMA

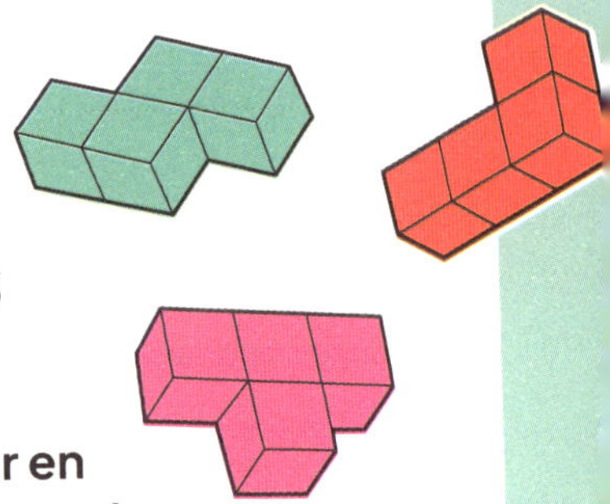

DESCUBRE LOS CÓDIGOS

¡Maldición! Quedan solo cinco minutos para empezar a concursar en LA CASA DE LOS RETOS y vuestro equipo se ha quedado encerrado el camerino. La puerta tiene un panel numérico y unas pistas para poder desbloquearla...

¡Rápido!, descrifrad la combinación o el concurso empezará sin uno de los equipos... ¡el vuestro! Descubrid el único número que no se repite en cada recuadro y obtendréis la combinación correcta para abrir la puerta:

1	8	6	7
3	4	9	4
2	7	8	1
6	1	3	9

3	0	6	9
5	8	2	1
6	5	9	0
1	2	3	5

9	6	3	2
7	4	0	9
3	7	3	5
2	6	4	5

¡Bien! Parece que vamos bien, lo único que queda es abrir la puerta de la casa…

Teniendo en cuenta que cada letra del abecedario equivale a un número (A=1, B=2, C=3, D=4, E=5, F=6,… X=25, Y=26 y Z=27), qué código tendréis que introducir si en la puerta está escrito **LA CASA DE LOS RETOS**?

ENIGMA

Pon a prueba a tus padres con estos 4 enigmas y puntúalos.

1 Cuanto más grande es, menos se ve.

¿Qué es?

....

2 Anteayer tenía 12 años y el año que viene cumplo 15.

¿Sabes cuándo es mi cumpleaños?

....

3 **¿Cuál es el siguiente número de la serie: 3.829, 9.382, 2.938...?**

....

4 Tengo cuatro veces la edad de mi hija, Sofía. Dentro de 20 años tendré el doble de años que ella. **¿Qué edad tenemos ahora?**

....

*COLOREA TANTAS MEDALLAS COMO ENIGMAS HAYAN ACERTADO.

RETO

TOCA, TOCA

Ojos que no ven… ¡manos que sienten! En este reto es básico no tenerle miedo ni asco a nada, porque nunca se sabe qué puede contener una caja…

Necesitamos:

- 3 cajas de zapatos o similares
- Antifaz o pañuelo
- Papel y lápiz
- Todo lo que se os ocurra que podáis meter en las cajas

¿Cómo se juega?

1. Uno de vosotros coloca tres cajas encima de la mesa y en cada una esconde algo distinto y que no sea muy evidente.

2. Los otros concursantes, con los ojos vendados, van tocando los objetos y apuntan en un papel lo que creen que hay en cada caja.

3. Cuando todos hayan pasado por las tres cajas, leemos sus suposiciones y destapamos las cajas.

¿Quién habrá adivinado más?

¡IDEAS!

Si lo primero que os viene a la cabeza son cucarachas, chinchetas… ¡caaaaalmaaaa! Os damos otras ideas más civilizadas pero igual de divertidas: un chorro de pasta de dientes, gelatina, hojas secas desmenuzadas, slime, cubitos de hielo envueltos en papel de aluminio, comida de perro, una coliflor, un yogur, un peluche…

PREGUNTAS

Más o menos

Si la precisión no es lo vuestro, las preguntas de «Más o menos» son vuestro paraíso, ¿verdad?

¿CUÁNTOS METROS MIDE LA MONTAÑA RUSA MÁS ALTA DEL MUNDO?

¿SABÍAS QUE...
el parque de atracciones más antiguo del mundo está en Bakken (Dinamarca), cerca de Copenhague? Se inauguró en 1553, aunque seguro que entonces era bien distinto...

CHISTE

—¿QUÉ LE DICE UNA NORIA A OTRA?
—LA CABEZA ME DA VUELTAS.

¿SABÍAS QUE...
en Rusia las montañas rusas se llaman... «montañas americanas»? ¡El mundo al revés!

RETO VOCALIZA BIEN

¿No os han dicho nunca aquello de «no hables con la boca llena»? Porque además de ser de mala educación, no se entiende nada. Pues un poco es lo que nos pasa en este reto: vamos a tener que poner toda nuestra atención para captar qué nos quieren decir.

Necesitamos:

- Un calcetín grande ¡y limpio!
- Papel y lápiz

¿Cómo se juega?

1. Podéis jugar en parejas. Un miembro del equipo **A** escribe una frase en un papel.

2. Uno de los participantes del equipo **B** muerde un calcetín (que sea grande, de adulto, para que no corras el riesgo de tragártelo por accidente) e intenta leer esa frase a su compañero.

3. Si su compañero la acierta, ¡punto para el equipo **B**! Pero si no hay manera... ¡punto para los del **A**!
Después, un miembro del equipo **B** escribe una frase para que los del **A** la puedan adivinar.

***ADVERTENCIA:** DEBES REALIZAR ESTE RETO SIEMPRE EN PRESENCIA DE UN ADULTO.

RETO

A TU MANERA

CUELABOLAS

¿Qué tal vamos de puntería? ¿Regular? Fenomenal, porque este reto se trata de no tener puntería. Sí, lo que lees... La cosa es que para ganar tienes que conseguir no hacer puntería con unas pelotitas, ahora lo entenderás. ¡Así es mucho más divertido!

Necesitamos:

- Dos tapas de cartón de una caja bastante grande. ¿Qué os parece si recicláis las tapas de una caja de pizza tamaño familiar? Es importante que tengan bordillos para que no se escape la pelota.
-4 pelotas iguales y una diferente, para cada superfície. Las pelotas de ping pong son ideales.

¿Cómo se juega?

Si os apetece podeis hacer un diseño bien chulo de vuestro tablero de juego.
A ver cuál luce más.

1. Para jugar a este reto se necesitan dos equipos, es decir, dos parejas.

2. Limpiad bien las tapas y haced un agujero en el medio.

3. Agarrad la caja a cuatro manos y colocad las pelotas en la superficie. Se trata que vayáis moviendo la superficie de cartón con el fin de colar todas las pelotas excepto la que es diferente.

4. Si se cuela, deberéis voler a colocar todas las pelotas y empezar de nuevo. Gana el equipo que consiga quedarse solo con la pelota diferente.

PUNTÚA

Todas las opiniones cuentan

Como superfan del programa, tienes muy claro qué es lo que te gusta más, ¿verdad? ¿Por qué no nos lo cuentas?

Colorea las barras

ME GUSTA MUCHO

ME GUSTA POCO

Los chistes | Retos con pringue | Decoración de la casa | Retos con agua | Baile del programa | Cartas de bloqueo | HUEVO SPLASH

CARTAS

CARTAS DE BLOQUEO

Ha llegado el momento de ver qué le depara a otra familia cuando le cae encima una carta de bloqueo y no tiene más remedio que cumplir con lo que se les pide. Seguro que te las conoces todas, y antes de que el presentador las explique tú ya sabes de qué van.

Demuéstralo uniendo cada carta con su explicación.

CARTAS DE BLOQUEO

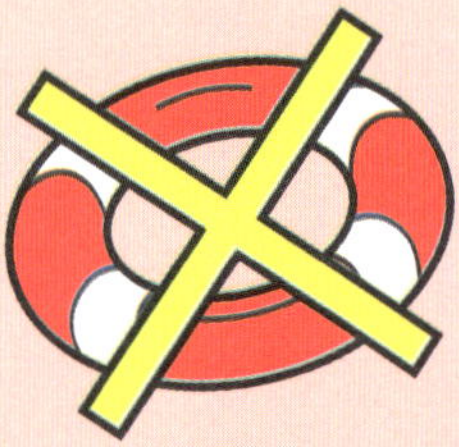

- Sin ayuda
- Equis uve palito
- *Quarterback*
- Aliento fresco
- Un poco de orden
- Qué jaleo

- SE FORMULA LA PREGUNTA CAMBIANDO DE ORDEN LAS PALABRAS.
- DEBES CONTESTAR SIN AYUDA DEL ADULTO.
- SE LEE LA PREGUNTA MIENTRAS LAS OTRAS DOS FAMILIAS HACEN RUIDO.
- DEBES ESCRIBIR LA RESPUESTA EN NÚMEROS ROMANOS.
- SE LEE LA CARTA CON UN PROTECTOR BUCAL, UN CASCO Y UN BALÓN DE FÚTBOL AMERICANO.
- SE LEE LA CARTA LAVÁNDOSE LOS DIENTES.

CARTAS DE BLOQUEO PREMIUM

- Un punto más
- En tus manos
- Comodín
- Next
- Salto de gigante
- La pregunta de oro

- SE PIDE UN CAMBIO DE PREGUNTA.
- SE ENTREGA COMO PISTA UN OBJETO QUE TIENE RELACIÓN CON LA REPUESTA.
- SE SUMA DIRECTAMENTE UN PUNTO AL MARCADOR.
- SI ACIERTAS LA PREGUNTA Y GANAS EL RETO, SUMAS DOS PUNTOS.
- CLASIFICACIÓN DIRECTA PARA EL SIGUIENTE RETO.
- LA FAMILIA SE CLASIFICA DIRECTAMENTE PARA JUGAR AL RETO EN LA RONDA QUE ELIJAN.

¿Qué te parecen estas cartas de bloqueo?
Escribe un adjetivo según lo que te inspiren.

________ ________ ________ ________

________ ________ ________ ________

LA CASA DE LOS RETOS

Si os estáis planteando ir a LA CASA DE LOS RETOS, pero aún no lo tenéis claro, podéis montar vuestra fiesta en casa y así ver si seríais unos buenos concursantes.

¡Que os lo pasaréis genial, os lo aseguramos!

1. Cuantos más, mejor

Invitad a cuanta más gente, mejor. Lo ideal sería poder montar tres equipos de dos personas, formados por un adulto y un niño o niña.

2. Elegid presentador

Lo primero es saber quién va a dinamizar y presentar vuestra fiesta. Tiene que ser alguien imparcial y con facilidad de palabra, que sea divertido, que conozca bien el programa y que sepa contar chistes malos.

3. Escoged un sitio

Si tenéis jardín o terraza, ideal, porque así dispondréis de espacio y para limpiar será más fácil. Si no, no hay problema: escoge el lugar más adecuado y decóralo para que se parezca a la propia **CASA DE LOS RETOS**. Quitad todo lo que podáis para tener una buena superficie de juego.

Si os preocupa manchar, poned un plástico en el suelo.

4. Los colores

Es importante diferenciar a los equipos por colores, como en **LA CASA DE LOS RETOS**. Así que intentad buscar prendas de ropa de un mismo color para cada equipo.

5. ¡Esto es la tele!

¡Todo el mundo es bienvenido! Vais a necesitar unos guionistas que piensen y redacten las preguntas o los retos; alguien que se encargue de decorar la sala, de la pizarra de puntuaciones; y también quien pueda grabar toda la fiesta en vídeo para tener un bonito recuerdo...

6. Preparad materiales

Lo más importante, ya lo sabéis, es cocer unos cuantos huevos y dejarlos a temperatura ambiente, para no diferenciarlos de los huevos crudos. Si tenéis tiempo y ganas, decorar la huevera y pintar los huevos para que luzcan como si estuviérais en el programa.

Haz una lista de todos los materiales necesarios para los retos a los que vayáis a jugar. Así lo tendrás todo a punto.

7. Vídeo profesional

Si quieres que tu vídeo se parezca lo máximo posible al programa, puedes grabar a los concursantes por separado, hablando entre ellos, comentando los juegos, haciendo bromas... Luego, lo montáis intercalando las entrevistas personales con las pruebas.

8. Ah, ¡y el premio!

Todo concurso necesita un premio. Pero no os preocupéis, no hace falta que sean unas vacaciones pagadas en un hotel de lujo. A veces las cosas más sencillas pueden ser las más efectivas.

Por ejemplo: quien gane podrá escoger qué vais a cenar (y los otros equipos lo van a ir a comprar y cocinar). O un masaje. O un superabrazo...

RECETAS

LAS GALLETAS DEL PROGRAMA

SORPRENDE A TUS INVITADOS CON ESTAS GALLETAS. ¡LOS VAS A DEJAR ALUCINADOS!

¡ATENCIÓN!
SIEMPRE DEBES COCINAR EN PRESENCIA DE UN ADULTO.

INGREDIENTES:

- 350 g de harina
- 1 cucharadita de esencia de vainilla
- 1 cucharadita de levadura
- 100 g de mantequilla
- 200 g de azúcar
- 2 huevos

PREPARACIÓN:

1. Mezcla el azúcar y la mantequilla.

2. Añade los huevos y la vainilla y mézclalo todo.

3. Finalmente, añade la harina y la levadura. Cuando lo hayas mezclado todo bien, envuelve la masa con papel film y guárdala en la nevera durante al menos media hora.

4. Pasado este tiempo, esparce la masa en una superficie plana con un rodillo y recorta la forma de la casa con la ayuda de un cuchillo.

5. Hornea las galletas a 180°C durante 12-15 minutos.

SI QUIERES HACER GALLETAS TOP, DIBUJA EL CONTORNO Y LAS LETRAS CON GLASEADO DE COLORES Y UNA MANGA PASTELERA.

¡EMPIEZA EL CONCURSO!

Formad tres equipos de dos personas. El presentador puede hacer una pregunta sobre el programa para saber qué dos equipos van a concursar en el reto.

Por ejemplo: «¿Cuántas temporadas lleva emitiéndose **LA CASA DE LOS RETOS**?». Jugarán al reto los dos equipos que acierten. Si aciertan los tres o nadie, el miembro más joven escoge con qué otro equipo concursar. Si solo acierta un equipo, este escoge a su rival.

PRIMER RETO

Vamos a poner un vaso o recipiente en el centro de la mesa.

Cada equipo tendrá que ir echando agua con una botellita u otro recipiente al vaso principal. Puede echar tanta cantidad como quiera, pero ¡ojo! el primer equipo que derrame agua del vaso, pierde.

Cuando el vaso está a rebosar, hay que tener un pulso de hierro y echar solo una gotita o el agua rebosará y perderás.

SEGUNDO RETO

Ahora compiten el equipo que no haya participado en el primer reto y el perdedor del primer reto.

Participa un miembro de cada equipo. A su alrededor pon un círculo de 20 vasos de plástico y de 20 pelotitas esparcidas por el suelo.

El reto es poner todas las pelotas dentro de los vasos, sin que haya dos en un mismo vaso, mientras dan golpecitos a un globo para que no se caiga al suelo.

Si el globo toca el suelo, pierden. El primer equipo que consiga meter una pelotita en cada vaso, gana.

FIESTA

GRAN FINAL

En la gran final, nuestro particular HUEVO SPLASH, participan los ganadores de los retos.

Ya sabéis: muy fácil, solo necesitas una huevera y **12 huevos**, pero ¡atención! porque **6 deben estar crudos** y los otros **6 cocidos**.
También necesitas un listado de preguntas, un par de cronómetros y que cada equipo decida el jugador que responde y el que recibirá los huevazos (mucho mejor si los recibe el adulto, ¿no crees? Jejeje).

Y ahora ¡que comiencen las preguntas!

Cada vez que el jugador que responde acierte, elegirá un huevo, lo pondrá encima de la cabeza de su compañero y *¡Splash!* Si está crudo suman un punto, si está cocido... solo suma un bonito huevazo. Y salta el turno al otro equipo.
Cuando se acabe el tiempo de los dos equipos, gana el que tenga más puntos.

¿Has pensado en cual será el premio? No tiene por qué ser un objeto o algo de valor. Puede ser implantar una norma divertida en casa, tipo:

LOS MIEMBROS DEL EQUIPO GANADOR NO TENDRÁN QUE PONER NI RECOGER LA MESA DURANTE UNA SEMANA!

RECETAS

EGG POPS

CON TANTA PRUEBA OS VA A ENTRAR HAMBRE. ¿QUÉ TAL UNOS *EGG POPS* PARA MERENDAR?

PRIMERO PREPARA LA BASE DE BIZCOCHO.

INGREDIENTES:

- 1 yogur de limón
- 1 medida (con el vasito de yogur) de aceite de girasol
- 2 medidas de azúcar
- 3 medidas de harina
- 3 huevos
- 1 sobre de levadura

PREPARACIÓN:

1. Vierte en un bol todos los ingredientes.

2. Mézclalos bien hasta tener una masa homogénea.

3. Vierte la masa en un molde y hornéala a 180°C durante 30-35 minutos.

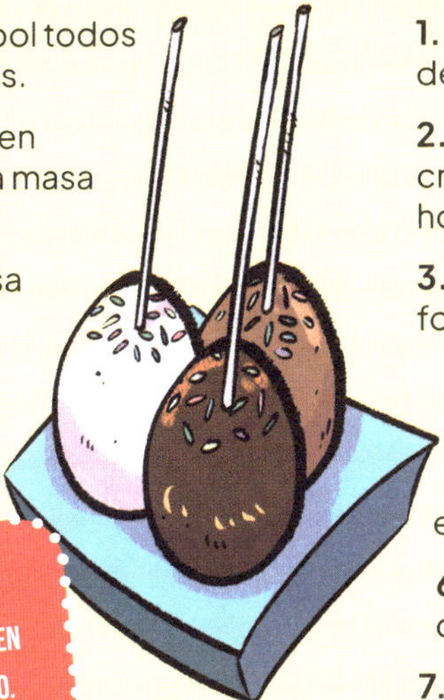

¡ATENCIÓN!
SIEMPRE DEBES COCINAR EN PRESENCIA DE UN ADULTO.

A CONTINUACIÓN, MONTA LOS *EGG POPS*.

INGREDIENTES:

- Queso crema
- Chocolate fondant
- Virutas de colores
- Palitos de brocheta

PREPARACIÓN:

1. Una vez enfriado el bizcocho, desmigájalo.

2. Mezcla las migas con queso crema hasta conseguir una masa homogénea.

3. Divídela en porciones y dales forma de huevo.

4. Déjalas en la nevera al menos durante 1 hora.

5. Pincha un palito de brocheta en cada huevo.

6. Sumérgelos en el chocolate fundido.

7. Decóralos con virutas de colores.

FIESTA

¿Cómo ha ido la fiesta?

HA SALIDO: ○ BIEN ○ MUY BIEN ○ GENIAL

Nombre de los concursantes que han participado en la fiesta:

Retos a los que habéis jugado:

Tabla de puntuaciones

EQUIPO	RETO 1	RETO 2	HUEVO SPLASH

Lista de canciones que han sonado:

El equipo ganador es:

TRUCOS

AGILIZA TU MENTE

La agilidad mental también se puede entrenar. Si practicas con ejercicios de memoria y lógica te convertirás en un concursante top.

JUEGA AL *MEMORY*

Sin duda, el mejor juego para ejercitar la memoria visual... Seguro que en casa tenéis alguno, pero también os animamos a diseñarlo vosotros.

Por ejemplo, podéis imprimir fotos de carné de cada miembro de la familia: una actual y otra de cuando eran niños. O podéis hacer lo mismo con objetos relacionados con cada uno de vosotros: mamá – raqueta de pádel; abuelo – gafas; tía – zapatillas de *running*; prima - pelota de baloncesto.....

Destapa un par de cartas cada vez. Si son pareja, te las quedas. Si no lo son, colócalas de nuevo boca abajo y pasa el turno. Se trata de memorizar lo que ves, así serás capaz de destapar las parejas cuando sea tu turno. Quien consiga más parejas gana.

MUEVE LOS PALITOS

Para hacer este juego, solo necesitáis 7 cerillas o palitos de helado o incluso lápices.

Y recordad: son juegos de agilidad mental. Tomaos vuestro tiempo para pensar. ¡No hace falta que vayáis rápido! Colocad los palitos de la siguiente forma:

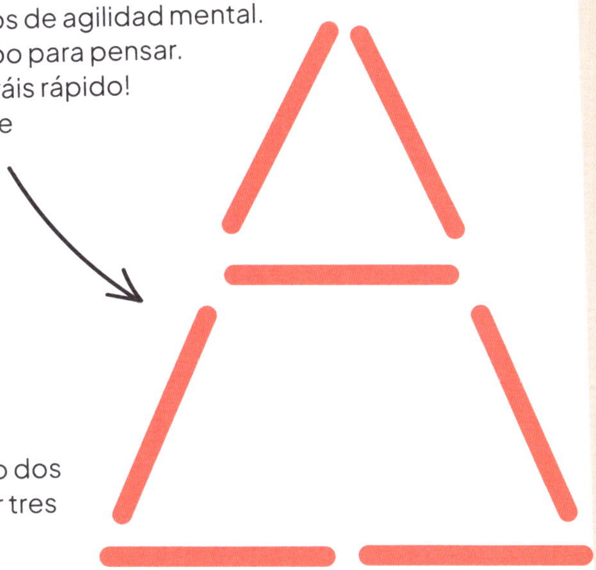

Ahora, solo moviendo dos palitos debéis formar tres triángulos...
Pensad, pensad...

Dibuja aquí la solución.

PREGUNTAS

Si te digo que...

Si tienes buen ojo, sabrás detectar cuál de estas afirmaciones es falsa, ¿verdad?

¿? EL PRIMER ASTRONAUTA QUE LLEGÓ A LA LUNA SE HIZO UN SELFI

V VERDADERO — F FALSO

¿? EN LA LUNA HAY UNA MONTAÑA MÁS ALTA QUE EL EVEREST, QUE MIDE MÁS DE 10.000 METROS

V VERDADERO — F FALSO

CHISTE

—PAPÁ, ¿QUÉ ESTÁ MÁS LEJOS DE AQUÍ: PARÍS O LA LUNA?

—¡VAYA PREGUNTA! ¿ES QUE ACASO VES PARÍS DESDE AQUÍ?

¿SABÍAS QUE...

...
un traje espacial pesa
unos 130 kg en la Tierra, pero en el
espacio, como no hay gravedad, no
pesa nada? Solo allí los astronautas se
pueden mover con facilidad.

...
los astronautas tienen que
dormir atados porque si no,
salen volando?

SKILLS

HABILIDADES TOP

Y tú, ¿sabes hacer esto?
Cuéntanos qué cosas curiosas puedes hacer con tu cuerpo.

Y los de casa, amigos y conocidos, ¿qué son capaces de hacer?

- [x] GUIÑAR UN OJO
- [ ] LEVANTAR UNA CEJA
- [ ] MOVER LAS OREJAS
- [ ] ENROLLAR LA LENGUA
- [ ] TOCARSE LA NARIZ CON LA LENGUA

... los gatos pueden girar las orejas hasta 180°, para no perderse ni un sonido?

¿SABÍAS QUE...

los camaleones pueden mover los ojos de forma independiente y, como les sobresalen de la órbita, pueden tener una visión de, prácticamente, 360°, ideal para cazar cualquier bicho que los rodee?

Anota quién es capaz de hacer qué:

NOMBRE	GUIÑO	CEJA	OREJAS	LENGUA	NARIZ

Si puedes demostrar que eres capaz de hacer hasta 3 cosas, eres muy top.
Si puedes hacer las 5, eres más un bicho raro que un humano.

...
los elefantes pueden levantar pesos de hasta una tonelada con su trompa; genial para retirar troncos en medio del camino?

...
los camellos tienen tres párpados para protegerse de la arena?

ENIGMA

Coloca un número en cada recuadro, siguiendo estas indicaciones:

- Los números 4, 5 y 6 están en la horizontal superior.
- El 3, el 7 y el 9 están en la horizontal inferior.
- Los números 1, 2, 3, 4, 5 y 9 no están en la vertical izquierda.
- Y los números 2, 5, 6, 7, 8 y 9 no están en la vertical derecha.

RETA LA LÓGICA

Un club ofrece clases de diferentes deportes, ¿sabrías deducir el deporte y la equipación de cada deportista?

La más pequeña se llama MARÍA y tiene 3 años.

La niña que tiene un año más lleva una equipación AZUL.

El niño de 7 años juega a HOCKEY.

La niña de la equipación VERDE tiene 6 años y juega a BALONCESTO.

La GIMNASIA la practica la niña de la equipación ROSA, que no se llama EVA.

JULIA hace ATLETISMO y no viste una equipación ROJA, como DANIEL.

El niño que tiene 5 años juega a FÚTBOL y no se llama PABLO, como el que lleva la equipación NARANJA.

NOMBRE					
EDAD	3				
DEPORTE					
COLOR					

RETO

PESCANDO CHOCOLATINAS... y más

¡Chicos! ¿Os gustaría ser una aspiradora humana?
¡Pues este es vuestro juego!

Necesitamos (por participante):

- Dos platos
- Una pajita
- 10 chocolatinas

LA CHOCOLATINA HA DE SER COMO ESTA, DE LAS PEQUEÑAS, CIRCULARES Y CRUJIENTES POR FUERA.

¿Cómo se juega?

1. Preparad, en una mesa, un plato vacío delante vuestro y otro, con las chocolatinas, un poco más adelante.

2. ¿Empezamos? Tendréis que sorber con la pajita cada chocolatina y llevarlo al plato que tenéis delante. El primero que transporte todas sus chocolatinas, gana... y merienda

¡Ñam, ñam!

3. ¿Preparados? ¡Qué ganas! ¡Pues pajita a la boca y a sorber! Y nada de comeros las chocolatinas hasta acabar, ¡que esas no cuentan!

¿LOS EGIPCIOS FUERON LOS PRIMEROS EN PRACTICAR LA PESCA HACE UNOS 5.000 AÑOS?

V VERDADERO **F** FALSO

CHISTE

UN PEZ LE DICE AL OTRO:
—¿QUÉ HACE TU PAPÁ?
EL OTRO LE CONTESTA:
—NADA. ¿Y EL TUYO?
—NADA TAMBIÉN.

¿SABÍAS QUE...

cuando tus padres eran pequeños solo se utilizaban pajitas de plástico? ¡Vaya tela! Menos mal que poco a poco vamos cuidando más del medio ambiente.

TEST

¿ERES SUPERFAN DE LA CASA DE LOS RETOS?

Vale, sabemos que no te pierdes ni un programa. Pero vamos a comprobar si realmente estás atento y se te puede considerar un gran fan.

1. Existen cartas de bloqueo normales y cartas de bloqueo...

a) Extra.
b) Premium.
c) Especiales.

2. ¿Cuál de estos retos NO pertenece al concurso?

a) Penalti loco.
b) Bolos sorpresa.
c) Pringue *stop*.

3. ¿Quién participa en el reto de La botella voladora?

a) Solo niños.
b) Solo adultos.
c) Niños y adultos.

4. ¿Qué pasa si se utiliza la carta de bloqueo «Qué jaleo»?

a) Que el presentador formula una pregunta mientras los concursantes hacen ruido.
b) Que los concursantes tienen que correr por el plató mientras escuchan las preguntas.
c) Que el presentador hace un montón de ruido para que a las familias les cueste concentrarse.

5. Cuando una familia gana un reto, también gana un punto y...

a) Un huevo crudo en **HUEVO SPLASH**.

b) Una carta de bloqueo en la siguiente ronda.

c) Una ventaja en el siguiente reto.

6. ¿En que reto tienes que llevar piezas de *sushi* gigantes?

a) *Sushinmanos*.

b) *Ensushitio*.

c) *Sushi Race*.

7. ¿Cómo se llama el gran reto final?

a) Huevazo va.

b) El Gran Splash.

c) **HUEVO SPLASH**.

Resultados

De 0 a 2 aciertos: ¿Fan de **LA CASA DE LOS RETOS**? ¿No te habrás confundido de programa, de canal... y de planeta?

De 3 a 5 aciertos: Bien, muy bien... Igual hay algún reto que todavía se te resiste, pero vemos que serías un buen concursante...

De 6 a 7 aciertos: ¡Súbete al podio, que te vamos a poner la medalla más grande que encontremos! ¡Con fans así tendríamos que ser La mansión de los retos!

ENIGMA

LÓGICA MATEMÁTICA

Hay que estar fuerte y ser ágil en el cálculo matemático, si no, no podrás calcular bien los puntos que te llevas con cada reto. ¿Quieres entrenar con un par de ejercicios?

1 Busca un número de tres cifras.

La suma de las tres cifras es 18.

La primera cifra es la mitad de la segunda y un tercio de la tercera.

¿Qué número es?

2 ¿Qué día de la semana es?

Si dos días después de ayer es domingo, ¿qué día fue dos días antes de mañana?

LUNES MARTES MIÉRCOLES JUEVES VIERNES SÁBADO DOMINGO

TRUCOS

ENTRENA TU PUNTERÍA

Para responder las preguntas del programa, no necesitáis mucha puntería, pero, para jugar a algunos de nuestros retos, os aseguramos que la puntería se cotiza al alza...

CONOGOL

La puntería con el pie es casi tan importante como con la mano. Esta actividad es ideal para hacer al aire libre, en un espacio amplio, como un parque, un jardín o una piscina.

Vais a necesitar 2 pelotas y 10 conos. Si no tenéis conos, podéis usar botellas reutilizables o cualquier objeto similar.

Los integrantes del equipo os colocáis a unos 10 metros de distancia y entre vosotros 5 conos, uno al lado del otro.

El objetivo es tirar los conos antes que el equipo contrario. Cada miembro chutará la pelota hacia su compañero intentando tocar los conos.

TAMBIÉN PUEDES ENTRENARTE...

- Jugando al mini golf.
- Entre dos personas, lanzando dos pelotas para que choquen en el aire.
- *Lanzando cacahuetes, kikos y demás... desde lejos, para hacer diana en un bol.*

CHISTES

EL HUMORISTA TRISTE

¿Seréis capaces de explicar chistes sin reíros? Contad cuántos podéis contar sin mover ni un músculo por la risa.

Seguro que vuestros padres, abuelos o tíos tienen sus chistes preferidos de cuando eran peques como vosotros. Id a preguntarles y apuntadlos aquí.

RETO

EN EL PATIO DE LA ESCUELA

Puede que algunos días te de un poco de pereza ir al colegio, ¿a quién no le ha pasado? Pero, si sabes montártelo bien, el colegio puede llegar a ser el lugar más divertido del planeta Tierra. ¿Cómo? ¿Que no te lo crees? Pues mira estas ideas de megarretos especialmente diseñados para hacer en la escuela con tus compañeros. Y sí, son «megarretos», ¡porque son megagrandes y megadivertidos!

1 PUENTE DE AGUA

En este reto vamos a ver qué tal andáis de compenetración, puntería y colaboración. Os aconsejamos que juguéis a este reto cuando haga un poquito de calor porque... ¡podéis quedar más mojados que un pato!

Necesitamos:

- Cuatro cubos de agua
- Tantos vasos (de plástico o papel) como participantes
- Agua

¿Cómo se juega?

1. Vamos a formar dos equipos. Cada uno tendrá un cubo lleno de agua en una punta del patio y un cubo vacío en la otra punta.

Es importante que los dos cubos vacíos sean del mismo tamaño.

2. Entre cubo y cubo vamos a formar una hilera de personas.

3. El primero recoge agua del cubo con su vaso y, de espaldas, por encima de su cabeza pasa el agua al que viene detrás, y así, hasta llegar al último, que arrojará el agua al cubo vacío.

4. Está prohibido girarse y el ritmo tiene que ser frenético porque... Cuando se termine el tiempo estipulado (2, 3, 5 minutos) se comprobará qué equipo ha conseguido llevar más agua a su cubo vacío.

CHISTE

UNA MAESTRA EN CLASE:
—RÁPIDO, VERA, ¿CUÁNTO SON 2 + 3?
—¡8!
—¿8? SON 5, VERA...
—BUENO, PEDÍAS RAPIDEZ, NO PRECISIÓN...

¿SABÍAS QUE...

en Bangladesh hay escuelas flotantes? Con la llegada del monzón en junio gran parte del país se inunda y con el barco escuela los niños pueden continuar aprendiendo todo el año.

RETO

EN EL PATIO DE LA ESCUELA

2 PIEDRA, PAPEL, TIJERA... ¡Y CARRERA!

El próximo reto es ideal para hacer con mucha gente y en un espacio grande como el patio. Además, combina distintos juegos para formar un reto mayúsculo, portentoso, brutal...

Vaya, ¡un superhipermega... reto!

Necesitamos:

- Aros o hula hoops (si no tenéis, podéis pintar círculos en el suelo con tiza)

¿Cómo se juega?

1. Vais a formar dos equipos con el mismo número de jugadores y a trazar con los aros o los dibujos en el suelo un recorrido de unas 20 casillas. Cada equipo se colocará en un extremo de este recorrido.

2. A la de tres, un miembro de cada equipo saldrá saltando y avanzando con los pies juntos por el recorrido.

3. En el momento en que se encuentren cara a cara los dos participantes, tendrán que jugar a piedra, papel o tijera para ver quién deja pasar a quién. El que gana sigue avanzando y el que pierde vuelve a su fila, mientras un compañero suyo inicia de nuevo el recorrido.

4. Gana el primer equipo que logre llevar uno de sus miembros a la base del otro equipo.

3 LA TELARAÑA GIGANTE

Este juego es muy fácil pero muy divertido.

Uno de vosotros va a ser la araña y los otros tenéis que correr por todo el patio para que no os atrape.

Cuando se atrapa a una persona, esta se une al que persigue y siguen atrapando a los otros, pero cogidos de la mano. Así, sucesivamente: los pillados por la telaraña van a añadirse cogiéndose de la mano.

El último que quede será el gran vencedor porque se habrá escapado de la telaraña gigante.

HUEVO...

HUEVO SPLASH AL REVÉS

Esperamos que hayáis pasado por el súper y tengáis la nevera repleta de huevos porque, sí, llega el momento más esperado por todos: el divertido... ¡HUEVO SPLASH!

Ya sabéis: primero tenéis que cocer unos huevos, dejarlos en el frigorífico y después mezclarlos con el mismo número de huevos crudos. ¡Será imposible distinguirlos!

En esta ocasión, VUESTROS PADRES (O TÍOS, O ABUELOS...) DEBEN RESPONDER LAS PREGUNTAS que os vamos a apuntar aquí. Cuando acierten, preparad vuestras cabezas porque van a aplastaros un huevo en vuestra cocorota. Si es duro, no ganáis ningún punto; pero, si es crudo, punto para vuestro equipo... Preparad gafas, toallas, papel de cocina... ¡y algo de pan para mojar!

1. ¿Qué idioma se habla en Brasil? **Portugués**
2. ¿Cuántos fantasmas persiguen a Pac-Man al principio de cada partida? **4**
3. ¿Cuántas caras tiene un dodecaedro? **12**
4. ¿Cuál es el deporte nacional de Japón? **El sumo**
5. La capital de Bulgaria es... **Sofía**
6. ¿Qué ciudad es conocida como «La ciudad eterna»? **Roma**
7. ¿Quién descubrió que la Tierra gira alrededor del Sol? **Nicolás Copérnico**
8. ¿Cuántos huesos tenemos en la oreja? **3**

9. ¿Quién escribió la novela *El nombre de la rosa*? **Umberto Eco**
10. ¿A qué tienes miedo si sufres acrofobia? **A las alturas**
11. ¿Qué planeta está más cerca del Sol? **Mercurio**
12. ¿Quién protagonizó *El show de Truman*? **Jim Carrey**
13. ¿Qué río atraviesa Londres? **El Támesis**
14. ¿En qué país se bebe más café? ¿**Finlandia** o Italia?
15. ¿Dónde termina cada año el Tour de Francia? **Avenida de los Campos Elíseos de París**
16. ¿Cuál es la montaña más alta del continente africano? **El Kilimanjaro**
17. ¿En qué capital se encuentra la estatua de *La Sirenita*? **Copenhague**
18. ¿Cuántos estómagos tiene una vaca? **4**
19. ¿En qué país se inició la Revolución industrial? **En el Reino Unido**
20. ¿Quién pintó *El grito*? **Edvard Munch**
21. ¿De qué animal salvaje proviene el perro? **Del lobo**
22. ¿Cuál es el río más caudaloso de España? **El Ebro**
23. ¿Quién creó el Mito de la Caverna? **Platón**
24. ¿Cuál es el símbolo químico de la plata? **Ag**
25. ¿Qué maravilla del mundo se ubica en India? **El Taj Mahal**
26. ¿Cómo se llama el primer hombre que fue al espacio? **Yuri Gagarin**
27. ¿En qué año España ganó el Mundial de Fútbol? **En 2010**
28. ¿Cuántos habitantes tiene España? 47 millones o 35 millones? **47**
29. ¿Qué es más grande, un átomo o una célula? **Una célula**
30. ¿Qué dorsal lleva el jugador de la NBA Stephen Curry? **El 30**
31. ¿Cuándo termina la Edad Antigua, con el nacimiento de Jesús o la caída del Imperio romano? **La caída del Imperio romano**

FAMILIA

Carreras en familia

Corremos para ir al colegio,

a las extraescolares, a una comida familiar el domingo, al partido de nuestros primos, a coger el autobús… Así pues, como estamos ya tan entrenados, ¿por qué no hacemos una competición de carreras en casa? ¡Venga, maratón de carreras!

Para todas las modalidades, vais a formar dos equipos: uno de adultos —¡buuuuh!— y otro de niños —¡ueeee!—.

1. Carrera de globos

El primer jugador de cada equipo debe llevar un globo hasta el segundo sin que caiga al suelo y sin tocarlo con las manos.

Y el segundo jugador miembro debe llevar el globo hasta la meta.

Los participantes pueden soplar el globo, tocarlo con la cabeza, los pies, el trasero… Cuando se alcanza al compañero, le da el relevo chocándole la mano. Si el globo toca el suelo, quien lo lleva debe volver a la casilla de salida.

2. Huevo plof

Por relevos, vamos a hacer una carrera con una cuchara en la boca y un alimento que ya sabes que a nosotros nos encanta: ¡el huevo! Si se os cae… ¡plof!

El primer miembro alcanza al segundo a mitad del recorrido, le coloca el huevo en su cuchara y el segundo deshace el recorrido hasta llegar a la línea de salida, que será la meta.

Para que sea más divertido, se puede boicotear la carrera lanzando obstáculos en el trayecto, como pelotas, papel higiénico, cojines… Cuidado con el huevo…

¡Y vuestras cocorotas!

3. El mundo da vueltas…

Cada participante va a dar vueltas sobre sí mismo durante unos segundos y, cuando alguien grite «¡ya!», va a tener que avanzar en línea recta hasta la meta.

Lo más probable es que empiece a andar como un pato mareado, de aquí para allá, así que cuidado que vienen curvas…

RECUERDA BUSCAR UNA ZONA DESPEJADA DONDE NO VAYAS A ROMPER NADA PARA HACER LAS CARRERAS.

FAMILIA

Carreras en familia

4. Carretilla loca

Un clásico que nunca pasa de moda, famoso por sus risas y sus caídas. Un miembro del equipo «andará» con las manos en el suelo mientras su compañero le sujeta y le eleva las piernas por detrás,

como si fuera una carretilla. 3, 2, 1...

5. Carrera de siameses

En parejas, se ata con una cuerda o pañuelo la pierna de uno de los participantes con la pierna de su compañero o compañera.

Por ejemplo: la pierna derecha de tu hermano con la pierna izquierda de papá. Tendrán que correr así hasta llegar a la meta, sin caerse...

ni hacerse cosquillas, je, je, je.

6. Ranita, ranita

Cada participante tiene que ir saltando como una rana (agachado, con las manos en el suelo y entre las piernas) hasta su compañero para darle el relevo.

Pero no solo eso, además de saltar, debe ir croando como una auténtica rana.

¡IDEA!

Si os encantan las carreras, diseñad un circuito tan grande y libre como os permita vuestra imaginación... para que los adultos tengan que saltar, pasar por sitios estrechos, arrastrarse por el suelo...

DISEÑA

LA CASA DE LOS RETOS A TU MEDIDA

Sabemos que eres un megafan de **LA CASA DE LOS RETOS**, que no te pierdes un programa y que controlas todos los retos... Peeeeero, seguro que tienes tus retos favoritos y te gustaría verlos todos en una misma semana ¿Sí? ¿Eres de esos? Adelante, aquí tienes toda una semana para que la diseñes a tu medida. Distribuye tus retos favoritos a ver cómo sería tu semana perfecta de **LA CASA DE LOS RETOS**.

	PROGRAMA DEL LUNES	PROGRAMA DEL MARTES	PROGRAMA DEL MIÉRCOLES	PROGRAMA DEL JUEVES (FINAL)
RONDA 1				
RONDA 2				
RONDA 3				HUEVO SPLASH

¿Qué tal ha ido? Ahora ya puedes compararla con las semanas perfectas de tus amigos y... quién sabe, igual la ves muy pronto en televisión.

SOPA

RETO ¡QUÉ GRAN PALABRA!

¿Sabrías decir «reto» en diferentes idiomas? Busca en esta sopa multilingüe y asocia cada palabra con su bandera.

E	C	T	S	A	I	F	D	U	C	Y	E	A	M	T	O	G
E	H	H	A	D	I	O	R	L	S	T	G	E	U	H	I	R
O	T	E	A	D	E	D	A	B	O	I	R	E	H	L	G	P
R	A	C	R	L	I	E	E	Y	U	S	T	M	P	E	H	U
D	F	B	R	A	L	A	C	S	E	S	G	N	T	R	K	G
E	S	A	D	R	U	E	Y	P	A	N	L	F	E	N	U	C
D	M	G	P	S	A	S	N	C	I	F	I	N	R	T	A	O
Y	N	V	L	M	F	F	F	G	A	N	I	O	S	I	G	D
R	N	E	S	M	U	I	A	O	E	L	R	O	I	O	B	S
D	R	E	H	U	Y	D	D	P	R	O	F	N	R	E	S	I
L	T	H	O	R	T	N	V	A	L	D	I	A	G	B	D	L
S	E	A	U	I	N	R	O	E	M	T	E	N	A	F	L	O
C	P	X	U	D	L	K	H	R	A	T	L	R	G	D	S	O
A	N	G	K	I	T	A	U	H	R	N	G	D	U	F	A	U
C	I	P	L	A	E	U	O	N	S	L	T	E	F	N	R	C
A	S	E	F	I	N	O	A	L	D	D	E	F	I	T	G	N
C	S	U	E	D	G	I	C	P	R	D	A	L	M	U	T	E

- CHALLENGE (inglés)
- DÉFI (francés)
- SFIDA (italiano)
- HERAUSFORDERUNG (alemán)
- DESAFIO (portugués)
- UITDAGING (holandés)

RETO

A TU MANERA

ENSUSHITIO

¿Te atreves a jugar a este famoso reto en casa? ¿Quién dijo que no se podía jugar sin sushis y palillos gigantes de madera? ¡Imaginación al poder!

Necesitamos:

- Tres globos o cojines, en vez de sushis gigantes
- Escobas, fregonas, bastones, muletas... vamos, cualquier palo alargado para hacer de palillos gigantes

¿Cómo se juega?

1. Debéis jugar dos parejas. Este es un reto de habilidad y velocidad.

2. Cada una debe trasladar los globos, cojines o lo que sea de un sitio a otro. Pero ¡está prohibido usar las manos!

3. Cada pareja tiene un par de «palillos» (uno cada miembro) y deben coordinarse superbién para llevar las «piezas de sushi» de un lado a otro.

DIFERENCIAS

Encuentra las 7 diferencias de este momentazo del programa.

RETO

CARRERA DE ORUGAS

Como igual no os sería muy sencillo ir al bosque a por orugas, llevarlas a casa y adiestrarlas para que compitan en carreras..., lo mejor será que las dejemos libres y tranquilas, y hagamos alguna manualidad divertida en casa.

Necesitamos:

- *Papel o cartulinas de color*
- *Tijeras*
- *Rotuladores*
- *Pajitas*

¿Cómo se juega?

1. Lo primero será hacer nuestras oruguitas: vamos a recortar el papel en trozos de, aproximadamente, 15 cm de largo por 3 de ancho.

2. Una vez lo tengamos, doblaremos el papel por la mitad. Después, lo desdoblaremos y cada una de las mitades las doblaremos hacia el centro y de nuevo doblamos las dos mitades hacia el centro.

3. Para darle una forma más divertida, con las tijeras recortaremos de forma redondeada las puntas del pequeño rectángulo que hemos formado. Luego, lo desdoblaremos del todo y solo nos quedará pintar la boca y los ojos (¡o no sabrán seguir el camino!).

4. Cada participante coge su oruga y su pajita, y a la de tres empezáis a soplar con la pajita por la parte de atrás del gusano, para darle impulso. El primero en llegar a la meta, ¡oru*gana!*

CHISTE

–¿QUÉ LE DICE UN GUSANO A OTRO?
–ME VOY A DAR UNA VUELTA A LA MANZANA

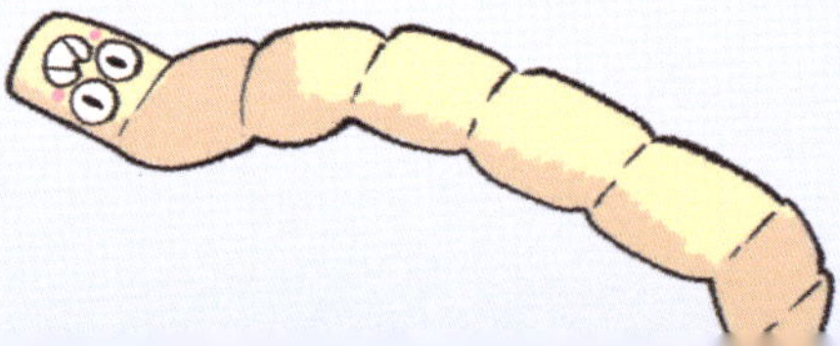

¿? LAS ORUGAS TIENEN 8 PATAS

V VERDADERO

F FALSO

¿? ¿DE QUÉ SON GRANDES PRODUCTORAS LAS ORUGAS?

A SEDA

B MIEL

¿? ¿CUÁNTOS MÚSCULOS TIENE APROXIMADAMENTE UNA ORUGA?

PREGUNTAS

Más o menos

Rápido, Llama a tu intuición, la vamos a poner a prueba. ¡¡¡Intuicióóóóónnn, te necesitamos!!!
Y es que en las preguntas de las categorías Más o Menos estás solo ante la duda y aquí es cuando más le toca trabajar a tu intuición... ¿Qué número será la respuesta correcta?... ¿Estás preparado para una ronda de preguntas? Allá vamos... Más o menos...

¿CUÁNTOS PUNTOS ANOTÓ EL JUGADOR DE BALONCESTO KOBE BRYANT A LO LARGO DE TODA SU CARRERA EN LA NBA?

¿EN QUÉ AÑO SE EMPEZÓ A UTILIZAR EL BALÓN QUE HOY USAMOS PARA JUGAR AL BALONCESO?

Al principio se utilizaba una pelota de fútbol para jugar a baloncesto.

EL DATO EL PRIMER PARTIDO DE BALONCESTO SE JUGÓ EN 1891, EN UNA CANCHA MUCHO MÁS PEQUEÑA QUE LAS QUE CONOCEMOS HOY EN DÍA.

CHISTE

–¿POR QUÉ UN PEZ NO PUEDE JUGAR AL BALONCESTO?
– PORQUE LE TIENE MIEDO A LA RED.

El jugador profesional más alto y el más bajo. Con 2,45 metros de altura, el libio **Suleiman Ali Nashnush** tiene el récord de ser el jugador más alto de toda la historia del baloncesto. El jugador más bajo que jugó en la NBA, mide 1,60 metros y se llama **Muggsy Bogues**.

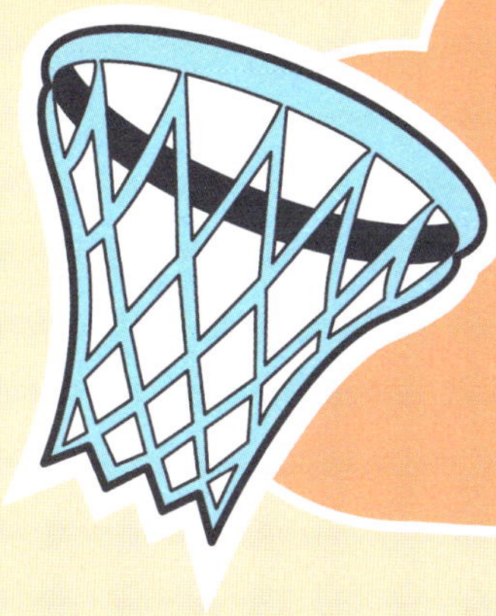

¿SABÍAS QUE...

Wilt Chamberlein tiene el récord de puntuación en un único partido de la NBA? En 1962 anotó él solito ***100 puntos*** *para los Philadelphia Warriors contra los New York Knicks. Sus compañeros debieron de quedarse comiendo palomitas y mirándole.*

PREGUNTAS

Una de dos

Blanco o negro, subes o bajas, ciencias o letras, playa o montaña... A veces hay que tomar grandes decisiones en la vida... Sí, amigos, ha llegado la hora de... ¡UNA DE DOS!

¿? UN "CENAOSCURAS" ES UNA PERSONA...

A TACAÑA QUE NO GASTA EN COMODIDADES

B CON FOBIA A LOS ATARDECERES

¿Os habéis fijado en lo largas que son las palabras más raras del diccionario? Pero igual no sabías que en español la palabra más larga es... **ELECTROENCEFALOGRAFISTA.** Tiene 23 letras y 10 sílabas.

¿CUÁL DE ESTOS DOS MAMÍFEROS PONE HUEVOS?

A CANGURO

B ORNITORRINCO

¿SABÍAS QUE...

los canguros no sudan? Se adaptan al calor lamiendo sus patas y luego se frotan el pecho con ellas para disminuir su calor corporal. Pero, bueno, ya nos gustaría ver un canguro en una playa del sur en pleno agosto...

CHISTE

–¿CÓMO SE DICE VETERINARIO EN INGLÉS?
– DOGTOR.

ENIGMA

Dulces sueños

En un corral hay más de 20 y menos de 30 ovejas. Si se forman 6 grupos de 4 ovejas, sobran 2 y si se forman 5 grupos de 5, sobra 1. ¿Cuántas ovejas hay?

....

Te encanta leer un poco en la cama antes de dormir. Hoy has leído de la página 68 a la 98. ¿Cuántas veces has encontrado el número 8 en las páginas?

....

¿SABÍAS QUE...
el koala es el animal que duerme más horas? Puede llegar a dormir 22 horas al día.

TRUCOS

PURA MAGIA

Con este truco vas a dejar a todos alucinados porque SIEMPRE funciona. ¡Te van a poner por las nubes!

PÍDELES LO SIGUIENTE:

1. PIENSA UN NÚMERO.
2. MULTIPLÍCALO POR 2.
3. SÚMALE 300.
4. DIVIDE EL RESULTADO ENTRE 2.
5. RÉSTALE EL NÚMERO QUE HABÍAS PENSADO.

Solución: **150**

*...y es que el resultado siempre es 150. ¡No se lo digas a nadie!

ORDENA

AQUÍ, ¿QUIÉN PONE UN POCO DE ORDEN?

Los adultos siempre andan con dichos y refranes para darnos lecciones, pero seguro que hay muchos que no saben qué significan.

Rétalos a ordenar esta lista de refranes que, así mezclados, son muy chistosos. Léeselos en voz alta y verás cómo se ríen.

CRÍA FAMA (Y) VUELA.

Tira la piedra y ríe mejor.

Quien no arriesga, se equivoca.

EL QUE RÍE ÚLTIMO, ESCONDE LA MANO.

Al mal tiempo, no le mires el dentado.

El que no corre, no gana.

ANDE YO CALIENTE, Y ÉCHATE A DORMIR.

El que tiene boca, ríase la gente.

A caballo regalado, buena cara.

Tira la piedra y ....

El que ríe último ....

Al mal tiempo, ...

Cría fama y ....

El que no corre ....

Quien no arriesga ....

Ande yo caliente, ...

El que tiene boca ....

A caballo regalado, ...

BUSCA

... Y ENCUENTRA

Seguro que, como eres superfan del programa, a ti no se te escapa detalle alguno, ¿verdad?
¡Hay que estar siempre al loro!

Fíjate bien porque entre las páginas del libro andan perdidos algunos de los objetos más típicos del programa. Seguro que en algún momento habrás pensado, y esto ¿qué pinta aquí?

Anota en qué páginas has encontrado los siguiente:

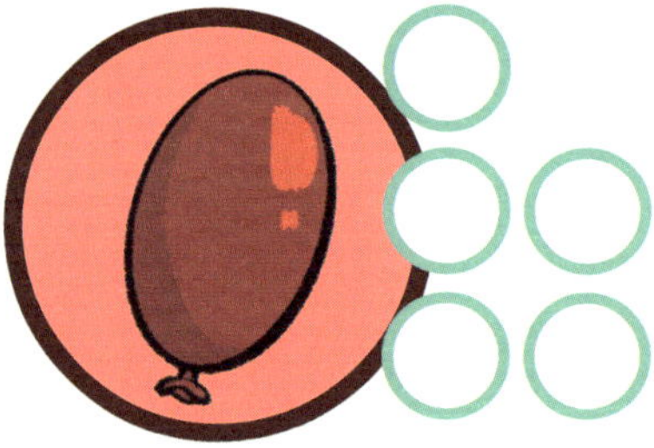

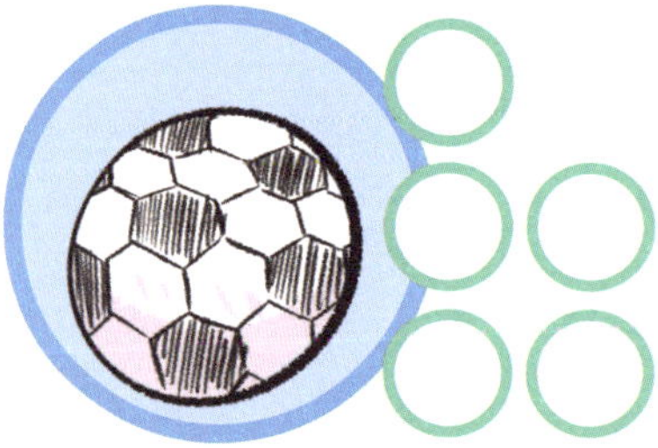

RETO

LA TORRE JAPONESA

¿Os gusta el *sushi*? ¿Sí? Entonces seréis unos auténticos espadachines de los palillos japoneses, ¿verdad? Pues eso nos interesa, porque aquí no tenemos *makis* ni *sashimi*, ¡pero sí una torre de dados que alguien va a tener que construir!

Necesitamos:

- *Palillos japoneses*
- *Dados*

TRUCO: SI TIENES DADOS DE DISTINTOS TAMAÑOS, EMPIEZA POR LOS MÁS GRANDES.

¿Cómo se juega?

1. Necesitas una mesa, unos palillos japoneses o chinos, y unos dados (no importa si no son todos del mismo tamaño).

2. Coged un dado con los palillos y colocadlo encima de otro. Cada vez costará más mantener el equilibrio, así que... ¡mano firme!

3. Podéis jugar dos o más personas. Ganará el primero que llegue, por ejemplo, a completar una torre de cinco dados. O podéis establecer un tiempo límite (por ejemplo, 2 minutos).

RETO

BASQUETBOLA

Estamos ante un reto de puntería, por lo que seguro que te van de perlas los consejos de las páginas 90 y 91. Este reto es tan fácil de montar y tan divertido de jugar que nunca verás la hora de acabar.

Necesitamos:

- Vasos de plástico o de papel
- Pelotas tipo ping pong
- Agua

¿Cómo se juega?

1. Pondremos los vasos en un extremo, bien juntitos. Si tenemos vasos de distintos colores, genial, pues cada color equivaldrá a una puntuación. Si son de papel, podemos escribir el número de puntos en cada vaso.

2. No todos los vasos tendrán puntos. Habrá vasos **«trampa»** , que son los que vamos a llenar de agua.

3. El juego consiste en rebotar la pelota para que entre en uno de los vasos. Tendremos cinco pelotas para intentar sumar el máximo de puntos.

4. Si nuestra bola va a parar en un vaso con agua... glu, glu, glu... perdemos.

HUEVO...

¡SPLASH!

Y ahora sí, os toca a vosotros responder. Ejem..., seguro que va a ir muy bien, ¿verdad? Tranquilidad, no dramaticéis, solo son unos huevos a punto de hacer ¡SPLASH!

Ya sabéis: primero tenéis que cocer unos huevos, dejarlos en el frigorífico y después mezclarlos con el mismo número de huevos crudos. Será imposible distinguirlos.

Procurad acertar el máximo número de preguntas, aunque solo sea por el placer de espachurrar un huevo en la cabeza de vuestros padres. ¡Vamos allá...!

Elegid a alguien que os lea las preguntas para que no veáis las respuestas.

1. ¿Cuál es el río más caudaloso del mundo? ¿El **Amazonas** o el Danubio?
2. ¿Cada cuántos años tenemos un año bisiesto? **Cada cuatro**
3. ¿En qué ciudad se encuentra el Big Ben? **En Londres**
4. ¿Qué huesos están en el antebrazo? El cúbito y... **el radio**
5. ¿En qué continente está Portugal? **En Europa**
6. ¿Cada cuántos años se celebran los Juegos Olímpicos? **Cada cuatro**
7. ¿A qué temperatura hierve el agua? ¿A los **100°C** o a los 120°C?
8. ¿El oboe es un instrumento de metal o de viento? **De viento**
9. ¿Cómo se escribe el 10 en números romanos? **Con una X**

10. ¿Cuál es la capital de Alemania? ¿**Berlín** o Múnich?
11. ¿Cuál es la única pieza de ajedrez que se puede mover libremente? **La reina**
12. ¿A qué edad llegamos a la mayoría de edad? **A los 18**
13. ¿Con qué deporte relacionamos el Tour de Francia? **Con el ciclismo**
14. ¿Cuántos lados tienen tres triángulos isósceles? **9**
15. A Juan le encanta el verde y detesta el rojo. ¿De qué color son las mangas de su chaleco verde? **Los chalecos no tienen mangas**
16. ¿Con qué respiran los peces? **Con las branquias**
17. ¿Por dónde sale el sol? **Por el este**
18. ¿Cuántas patas tiene una araña? **8**
19. ¿Qué pesa más: medio kilo de hierro o dos kilos de algodón? **Dos kilos de algodón**
20. ¿Qué dirección marca siempre una brújula? **El norte**
21. ¿Qué arte asociamos a Mozart? **La música**
22. ¿Qué país tiene forma de bota? **Italia**
23. ¿Cuántos centímetros hay en medio metro? **50**
24. Los movimientos de la Tierra son los de traslación y... **rotación**

25. Si para dar las gracias decimos *danke*, hablamos en...
Alemán
26. La bandera de Japón es blanca con un círculo de color...
Rojo
27. ¿Cuántos jugadores tiene un equipo de basket? **5**
28. Tengo 3 manzanas y me quitas 1. ¿Cuántas tienes? **Una**
29. ¿Cuál es la capital de Estados Unidos? ¿**Washington** o Nueva York?
30. ¿Cuál es el río más largo de la península ibérica? **El Tajo**
31. ¿Qué color se forma mezclando el rojo y el amarillo?
El naranja
32. ¿Qué idioma se habla en Australia? **El inglés**
33. ¿Cuánto es media docena? **6**
34. ¿Cuántos lados tiene un rombo? **4**
35. ¿A qué planeta se le llama «el planeta rojo»? **A Marte**
36. ¿Cuántos sentidos tenemos los humanos? **5**
37. ¿A qué disciplina artística se dedicaba Frida Kahlo?
A la pintura
38. ¿Cuántas cuerdas tiene un ukelele? **4**
39. En un piano, ¿qué hay más: teclas blancas, negras o por igual? **Blancas**
40. ¿Cuánto dura un partido de fútbol?
90 minutos

LIBRO

CONTIGO AL FIN DEL MUNDO

Si has llegado hasta aquí es que este libro se ha convertido en tu amigo inseparable.

¿En qué lugares chulos lo has utilizado?

Cuándo has he hecho las actividades del libro:

- De viaje yendo a...
- En casa de...

Cuéntanos con quién los has compartido:

Con amigos y amigas
- del pueblo
- de clase
- del barrio
- de la familia
- ¿Alguno más?

RETO

CREA TU PROPIO RETO

Necesitamos:

¿Cómo se juega?

CREA TU PROPIO RETO

RETO

¿Cómo se juega?

Necesitamos:

RETO

CREA TU PROPIO RETO

¿Cómo se juega?

Necesitamos:

SOLUCIONES

Página 5

Falso.

Página 9

Página 15

Recogerá 8 huevos.

Página 17

NIVEL PRINCIPIANTE

2	3	1
1	2	3
3	1	2

NIVEL MEDIO

2	1	3	4
4	3	1	2
3	4	2	1
1	2	4	3

NIVEL PRO

6	2	5	4	1	3
4	3	1	2	5	6
3	1	4	6	2	5
2	5	6	3	4	1
1	4	3	5	6	2
5	6	2	1	3	4

Página 18

Las dos familias que jugarán al HUEVO SPLASH son:

- Los Cardona.
- Los Santos.

Página 19

FAMILIA	RETO PREFERIDO	COLOR DEL EQUIPO
Cardona	Hasta las cejas	Rojo
Aguirre	Cara tarta	Verde
Santos	Acaparabolas	Azul

Página 22

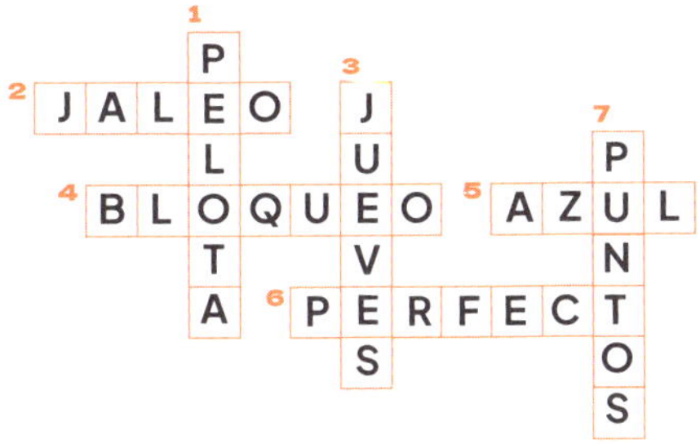

Página 23

- El ganador es Jan.
- Porque no juegan entre ellos.

Página 27

SI TE DIGO QUE

Falso, fue la armónica. Concretamente la Little Lady, de Hohner, la armónica más pequeña del mundo. El 16 de diciembre de 1965 el astronauta Walter Schira, que la llevaba escondida, tocó «Jingle Bells» en medio del universo.

ACERTIJO

La voz.

Página 39

UNA DE DOS

B. Noches blancas.

Página 41

Si 2 vale 1, ¿cuánto es 2 + 2?

Si responden rápido, os dirán que, puesto que 2 vale 1, sería como sumar 1 + 1, con lo que el resultado sería 2, pero la respuesta es INCORRECTA. El razonamiento es bueno, pero como 2 vale 1, el 2 del resultado también debe ser 1. Así que... 2 + 2 = 1.

En una carrera, en el último esprint adelantas al tercero.

¿En qué posición terminas?

Tercero.

Si un gallo pone un huevo en lo alto de un campanario, ¿hacia qué lado caerá el huevo si sopla viento del norte?

Hacia ningún lado porque los gallos no ponen huevos.

Página 43

SI TE DIGO QUE

1. Verdadero.
2. Verdadero.
3. Falso, es Mercurio.
4. Falso, lo hace a 300.000 km/s.
5. Falso, vivían en Verona.

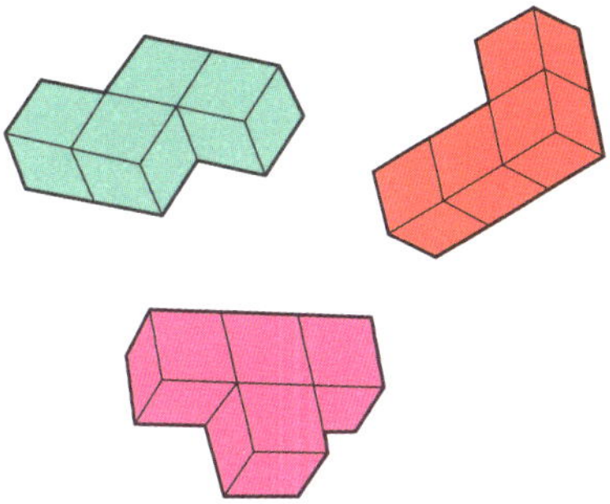

SOLUCIONES

Página 46

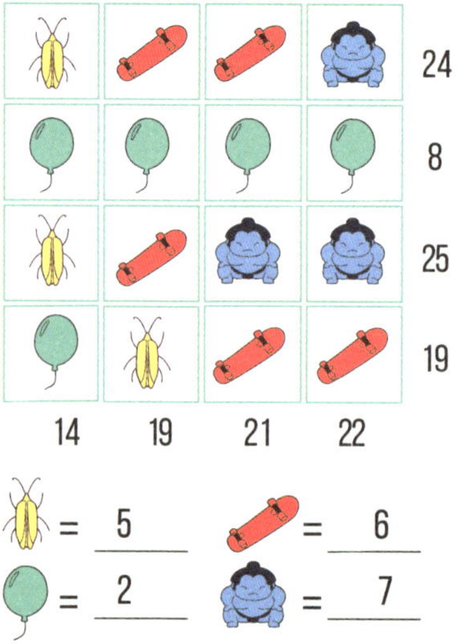

Página 49

Página 50

A. China.

Página 51

B. 2,5 metros.

Página 53

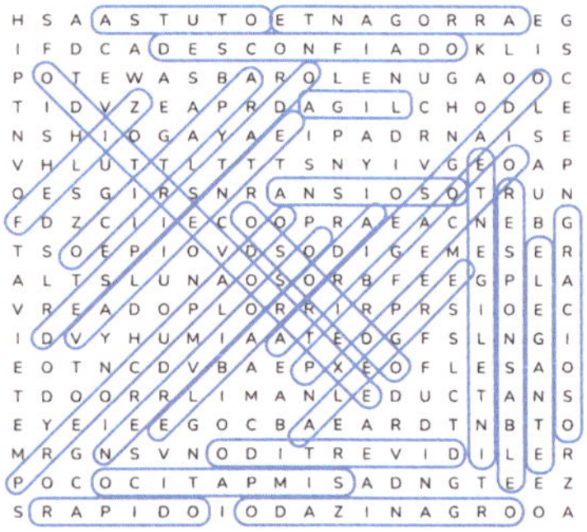

Página 54

Verdadero.

Página 55

Falso, es el avestruz, que puede llegar a alcanzar los 60 km/h.

Página 56

El código para abrir la puerta del camerino es 280.

Página 57

El código para abrir la puerta del plató es 121 31201 45 121620 195211620.

Página 58

1. La oscuridad.

2. El 31 de diciembre.

Hoy es 1 de enero. Anteayer era 30 de diciembre y tenía 12 años. El 31 de diciembre cumple 13. Hoy, 1 de enero sigo teniendo 13, pero el 31 de

diciembre de este año cumpliré 14. Entones el año que viene (próximo 1 de enero) tendré 15.
3. 8.293. En esta serie, el último dígito pasa a colocarse en primera posición para formar el siguiente número.
4. Yo tengo 40 y Sofía, 10.

Página 60
MÁS O MENOS
139 metros.
Atención al dato: Acelera a 200 km/h en un solo segundo y está en EEUU.

Página 64
Un poco de orden - Se formula la pregunta cambiando de orden las palabras.
Sin ayuda - Se debe contestar sin ayuda del adulto.
Qué jaleo - Se lee la pregunta mientras las otras dos familias hacen ruido.
Equis uve palito - Se debe escribir la respuesta en números romanos.
Quarterback - Se lee la carta con un protector bucal, un casco y un balón de fútbol americano.
Aliento fresco - Se lee la carta lavándose los dientes.

Página 65
Next-Se pide un cambio de pregunta.
En tus manos - Se entrega como pista un objeto que tiene relación con la repuesta.
Un punto más -Se suma directamente un punto al marcador.
La pregunta de oro - Si se acierta la pregunta y se gana el reto, se suman dos puntos.
Salto de gigante - Se supera directamente al reto sin pasar por la pregunta.
Comodín- Se puede usar la carta en cualquiera de las tres rondas para pasar automáticamente el reto.

Página 77

Página 78
El primer astronauta que llegó a la Luna se hizo un *selfi*.
Falso, en 1969 todavía no había smartphones.

En la Luna hay una montaña más alta que el Everest, que mide más de 10.000 metros.
Verdadero. Le han puesto el nombre de Selean summit y alcanza los 10.786 metros.

Página 82

6	5	4
8	2	1
7	9	3

SOLUCIONES

Página 85

NOMBRE	MARÍA	JULIA	PABLO	EVA	DANIEL
EDAD	3	4	7	6	5
DEPORTE	GIMNASIA	ATLETISMO	HOCKEY	BALONCESTO	FÚTBOL
COLOR	ROSA	AZUL	NARANJA	VERDE	ROJO

Página 85

Falso, en el paleolítico hace más de 100.000 años ya pescaban.

Páginas 86-87

1. c) Premium.
2. b) Bolos sorpresa.
3. b) Solo adultos.
4. a) Que el presentador formula una pregunta mientras los concursantes hacen ruido.
5. b) Una carta de bloqueo en la siguiente ronda.
6. b) Ensushitio.
7. c) HUEVO SPLASH.

Página 89

1. 369.
2. Sábado.

Página 105

E	C	T	S	A	I	F	D	U	C	Y	E	A	M	T	O	G
E	H	H	A	D	I	O	R	L	S	T	G	E	U	H	I	R
O	T	E	A	D	E	D	A	B	O	I	R	E	H	L	G	P
R	A	C	R	L	I	E	E	Y	U	S	T	M	P	E	H	U
D	F	B	R	A	L	A	C	S	E	S	G	N	T	R	K	G
E	S	A	D	R	U	E	Y	P	A	N	L	F	E	N	U	C
D	M	G	P	S	A	S	N	C	I	F	I	N	R	T	A	O
Y	N	V	L	M	F	F	F	G	A	N	I	O	S	I	G	D
R	N	E	S	M	U	I	A	O	E	L	R	O	I	O	B	S
D	R	E	H	U	Y	D	D	P	R	O	F	N	R	E	S	I
L	T	H	O	R	T	N	V	A	L	D	I	A	G	B	D	L
S	E	A	U	I	N	R	O	E	M	T	E	N	A	F	L	O
C	P	X	U	D	L	K	H	R	A	T	L	R	G	D	S	O
A	N	G	K	I	T	A	U	H	R	N	G	D	U	F	A	U
C	I	P	L	A	E	U	O	N	S	L	T	E	F	N	R	C
A	S	E	F	I	N	O	A	L	D	D	E	F	I	T	G	N
C	S	U	E	D	G	I	C	P	R	D	A	L	M	U	T	E

Página 107

Página 109
SI TE DIGO QUE...
Falso. Tienen 6.

UNA DE DOS
A. De seda.

MÁS O MENOS
101.

Página 110
¿Cuántos puntos anotó el jugador de básquet Kobe Bryant a lo largo de toda su carrera en la NBA?
33.643 puntos.

¿En qué año se empezó a utilizar el balón que hoy usamos?
1929.

Página 112
A. Tacaña que no quiere gastar en comodidades.

Página 113
B. El ornitorrinco.

Página 114
1. 26.
2. 14.

Página 117
- Tira la piedra y esconde la mano.
- El que ríe último ríe mejor.
- Al mal tiempo, buena cara.
- Cría fama y échate a dormir.
- El que no corre, vuela.
- Quien no arriesga no gana.
- Ande yo caliente, ríase la gente.
- El que tiene boca se equivoca.
- A caballo regalado, no le mires el dentado.

Página 118
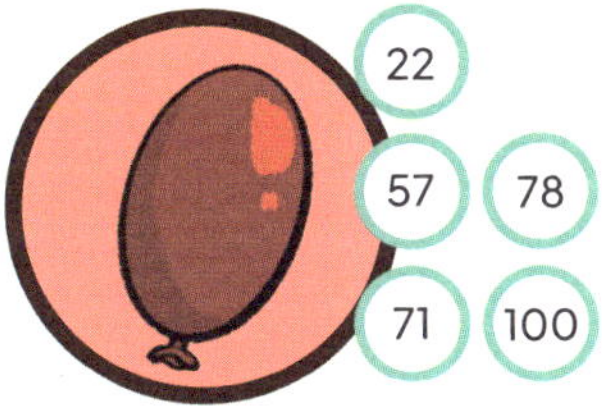

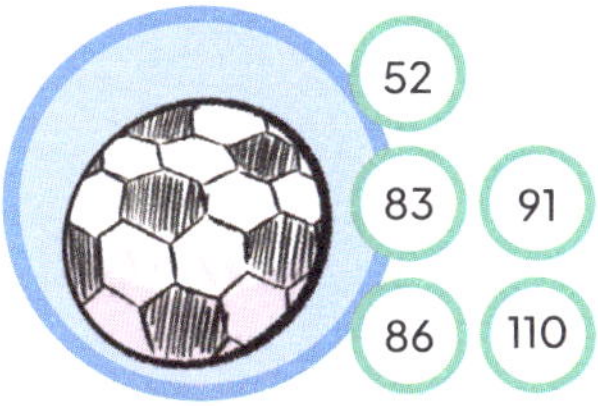

LA CASA DE LOS RETOS

CARNÉ DE
LA CASA DE LOS RETOS

Pega aquí tu foto
o dibújate

Nombre:

Nombre de la familia:

Lema:

Fecha de nacimiento:

Lugar de nacimiento:

LA CASA DE LOS RETOS

INVENTA TUS CARTAS DE BLOQUEO

Es hora de lanzar unas cartitas de bloqueo, ¡esto promete ser divertido! Recuerda que puedes lanzarlas cuando quieras. Aquí tienes unas cuantas, algunas ya escritas y otras preparadas para tus propias ideas (no seas demasiado malo...).

¿Que cómo se usan? Simplemente te acercas a algún miembro de la familia y dices «La carta de bloqueo va para...» y a continuación dices su nombre. Quien la lea estará obligado a hacer lo que ponga en ella. Si no lo hace... ¡deberá cumplir con lo que le exija la carta, jejeje!

CON LA A

Quien reciba esta carta debe hablar cambiando todas las vocales por la A durante la próxima media hora. Por ejemplo: «Hala, ¿cáma astás?». De no hacerlo, hará las camas de toda la familia durante 3 días.

EN LA LUNA

La persona que reciba la carta tiene que moverse, durante 20 minutos, como si fuera un astronauta en la luna. Si no lo cumple, le toca lavar los platos.

NUNCA DIGAS SI

La persona que reciba esta carta de bloqueo no podrá decir «sí» durante la próxima hora. De hacerlo, deberá darle un masaje en los pies a quien le entregó esta carta.

¡ESCRIBE AQUÍ TU PROPIA CARTA DE BLOQUEO PERSONALIZADA!

CARTA DE BLOQUEO

CARTA DE BLOQUEO

CARTA DE BLOQUEO
PREMIUM

CARTA DE BLOQUEO

CONEJITO

Quien reciba esta carta solo podrá moverse saltando y diciendo «soy un conejito» durante la próxima media hora. De no hacerlo, pondrá la mesa los próximos 3 días.

VAYA RISAS

Quien reciba esta carta tiene que hacerte reír (¡y no vale hacerte cosquillas!). De no conseguirlo, tú podrás hacerle un ataque de cosquillas a él o ella.

LIMÓN BAILÓN

Quien reciba esta carta tiene que chupar un limón durante 10 segundos sin poner caretos. Si no lo consigue, tendrá que hacer un baile divertido con la canción que tú elijas.

¡ESCRIBE AQUÍ TU PROPIA CARTA DE BLOQUEO PERSONALIZADA!

CARTA DE BLOQUEO

CARTA DE BLOQUEO

CARTA DE BLOQUEO

CARTA DE BLOQUEO

CARTA DE BLOQUEO
PREMIUM

CARTA DE BLOQUEO

TE INVITO A MI FIESTA DE

LA CASA DE LOS RETOS

Día:

Hora:

Lugar:

* *Vístete con ropa cómoda.*
* *Se ruega venir con muchas ganas de jugar.*

¡No te la pierdas!

LA CASA DE LOS RETOS

PARA COLGAR EN LA PUERTA...

NO
MOLESTAR

AQUÍ DENTRO SE JUEGA A...

LA CASA DE LOS RETOS

NO
MOLESTAR

AQUÍ DENTRO
SE JUEGA A...

LA CASA DE LOS RETOS